民法研究レクチャーシリーズ

不法行為法における法と社会

―JR東海事件から考える―

瀬川信久

JN061238

信山社

は し が き

　一昨年暮れに，大村敦志教授から，主催される高校生向けセミナーでレクチャーお願いできないかとのご相談をいただいた。法教育に対する御熱意に共感してお引き受けし，題材は，不法行為法の分野からJR東海事件とした。その後，新型コロナの感染が起き，セミナーもオンラインとなったが，2回参観して皆さんの議論を聞きながらレクチャーを準備し，2020年6月27日に実施した。

　本書の「はじめに」とⅠⅡは，このレクチャーの記録に手を入れたものである。レクチャーでは，不法行為法の個別問題を含めて多くの質問をいただいたが，本書の「Ⅲ　質問の時間」には，「法と社会」の関係に直接関わる質問に絞って収録した。そして，返答の説明が不十分だったところをあらためて検討し補ったので，本書のⅢはかなり専門的な議論になっている。法律学が考えていることの一端として読んでいただければ幸いである。

　本書の執筆は，法律の勉強を始めた時から今まで考えてきたことをまとめる機会になった。そのような機会と，テーマ設定から出版まで貴重なアドバイスをいただいた大村教授，考えを整理する質問をしていただいたセミナー参加者の皆さんに，心より感謝申し上げる。レクチャーの実施，記録から出版まで多大なご面倒をお掛けした信山社の稲葉文子さん，今井守さんに，厚くお礼申し上げる。

　2021年2月

瀬 川 信 久

目　　次

不法行為法における法と社会
——JR東海事件から考える——

瀬川先生のご紹介

　このセミナーではずっと契約法を素材として話をしてきましたが，今日は瀬川先生をゲストにお迎えして，私たちが義務を負う原因として契約と並んで重要な不法行為につき，お話をしていただきます。瀬川信久先生は 1947 年のお生まれで，北海道大学，早稲田大学で民法の研究・教育に従事してこられましたが，いまは日本学士院会員になっておられます。現代日本を代表する民法学者のお一人です。先生はまず不動産法の領域の研究に着手され，『不動産附合法の研究』（1981）という多面的・総合的な研究で学界にデビューされた後，『日本の借地』（1995）という実証的な研究をされました。他方，不法行為法にも強い関心を寄せられ，これまでの考え方を根底から見直す研究を多数されています。同時に先生は，法解釈の方法や日本社会の変化と法など，より理論的な，あるいはより巨視的な観点からの研究も進めてこられました。「不法行為法における法と社会」というテーマをいただいていますので，不法行為法の考え方から出発して，「法と社会」の関係にまでお話は及ぶものと期待しています。　　　　　　　　　　　（大 村 敦 志）

は じ め に

◆ 今日の話のねらい

　瀬川です。前々回と前回の2回，このセミナーに参加させていただきました。高校生で，ずいぶん法律のことを勉強していると感心しました。私は今紹介いただいたように，1947年の生まれで，大学に入学したのは1967年です。当時は高校で法律の勉強をするということがほとんどなく，大学に入ってからずいぶんと苦労しました。世の中がずいぶん変わったなと思いながら，参加しました。

　皆さんは，法学部へ行くつもりでこのセミナーへ出てるのでしょうか。それとも，別の関心から参加しているのでしょうか。私の故郷は50年前の地方だったので，大学がどういうものなのか分からず，文系で法学部なら潰しがきくんじゃないかというだけで法学部へ行きました。大学のことがもう少しわかっていれば法学部へ行ったか分かりません。ただ，今から振り返ると，法学というのはとても大事だ思います。今度のコロナの問題でも，法律の考え方というのが法律の解釈論だけではなく，社会の問題を考えるときにとても大事だと感じました。今日はその辺りと繋がる話をしたいと思います。

　法律の問題を考えるとき，議論するときに，一般の人の考え方，議論の仕方とちょっと違うところがあります。この違いが何か，なぜ違うのかが分かると，今の世の中こういう仕組みになっているんだ，だからこんな議論をしているんだ，というのが分かるんじゃな

いか。それが分かるようなお話をしたいと思います。

◆ 取り上げる問題と話の順序
　具体的な事件として取り上げるのは，「JR東海事件」です。これは，認知症高齢者の方が，駅の線路内に入って，列車に轢かれて死亡した事件です。鉄道会社のJR東海は，この事故で振替運送費や事故対応費用など総計約720万円かかったので，それを，亡くなった認知症高齢者の奥さんとお子さん4人に損害賠償として請求しました。一審と二審はこの請求を認めましたが，最高裁は否定しました。

　最高裁判決が出たのは4年前の2016年です。テレビでも新聞でもずいぶん報道されたので，皆さんの中には覚えている人もいると思います。この事件をめぐってはいろんな意見がありましたが，その中で，法律家の物の考え方と一般の人の物の考え方，特にジャーナリズムの物の考え方の間には大きなズレがありました。しかしそのズレの背景は単純ではありません。私は，法律家の物の考え方の特徴とその背景を踏まえたうえで，これからどう社会のルールを作っていくかを考えるときに，この事件はいろんなことを教えてくれると思っています。それで，JR東海事件を取り上げました。

　これからの話は，前半でJR東海事件の事件とそこでの法律論を検討します。後半ではそれを踏まえて，法律と社会の関係を考えます。その後で，質問の時間をとりたいと思います。

I JR東海事件の事実関係と法律論

前半では，まず，Aで，JR東海事件の事実関係をみます。次に Bで，その解決のための法律の条文の枠組みをみます。その後の C で，JR東海事件の各裁判所の判断をみることにします。

A JR東海事件の事実関係

◆ 事故と訴訟提起までの経緯

JR東海事件というのは，いま少しお話したように，91歳の認知症の方，Aさんとしますが，Aさんがラッシュ時に，駅の線路内に入り，やってきた列車に轢かれて死亡した事件です。事実関係の全体を時系列順にまとめると，次の枠囲いのようになります。ここで X というのは原告を指し，Y は被告を指します。この事件では，第1審の段階では被告が5人いたので，Y_1 から Y_5 で表しています。

A（1916年生）は1945年に Y_1 と結婚し，4人の子ども，Y_2 長男，Y_3 二男，Y_4 三女，Y_5 四女を育てた。

A は，愛知県大府市で不動産仲介業を営業していたが，1998年頃に営業を止めた（当時82歳）。

2000年12月頃から，A は認知症の症状を示すようになった。2002年3月に，Y_1 と Y_2（横浜在住）と，介護の実務に精通している Y_5 が相談した。そして，Y_2 の妻Bが横浜からA

と Y_1 の近くに転居し，Y_1 と共に A を介護することになった。

2002 年 8 月に A は要介護 1 の認定を受け，11 月に要介護 2 に変更された。この頃から，月 1 回通院していた。

2003 年より A は福祉施設に週 1 回通うようになった。本件事故当時には，週 6 回通っていた。

2005 年頃より，A は一人で外出し始め，2 度行方不明となって保護された。その後，Y_2 と B は，行方不明となったときのために警察に連絡先を伝え，A の上着に連絡先等を縫い付け，玄関付近にセンサー付きチャイムを設置するなどした。

2007 年 2 月に A は要介護 4 の認定を受けた。この時に $Y_1Y_2Y_5$ は相談したが，特別養護老人ホームに入れると症状が悪化すると考えて，A の自宅介護を継続した。

同年 12 月 7 日午後 5 時前，A（当時 91 歳）は，B が A の排尿の後始末のため離れ，Y_1 がまどろんでいた隙に，センサー（電源が切られていた）のある出入り口から外出した。その後おそらく，X（JR 東海）の東海道本線大府駅まで歩いて列車に乗り（乗車の経緯は不明），隣の共和駅で下車し，排尿のためか線路内に立ち入り，5 時 47 分頃，列車に衝突して死亡した。

2010 年 2 月 8 日に，X より Y_1 ～ Y_5 に対し，振替輸送費，旅客対応人件費等 720 万円弱の賠償を求めて訴訟を提起した。

事件の関係者を図にすると，図 1 のようになります。

こういう事実関係の下で，JR 東海 X は Y_1 から Y_5 に対し，損害賠償を請求しました。根拠は不法行為です。不法行為と聞いたとき，皆さんがイメージするのは，交通事故でしょうか。公園でバットを振り回していて近寄ってきた人にケガをさせたというのも不法行為です。それから，最近は，インターネットでの書き込みによる名誉毀損などが不法行為になるか問題になっています。でも，この

図1

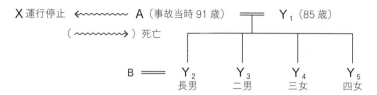

JR東海事件はこれらの不法行為とちょっと違う感じを持ちます。どこが違うのでしょうか。普通の不法行為との違いがこの事件をみるときのポイントの一つです。それを考えるために，不法行為法の基本的な枠組みをみておきましょう。

B　不法行為法の枠組み

　不法行為法の条文については，〔資料1〕の民法の条文をみて下さい。民法の709条から724条の2までの条文です。

　いきなり民法の条文の説明になって，窮屈な感じを受けると思いますが，法律の条文は，社会のいろんな問題を法律が受け付ける窓口のようなもので，JR東海事件の判決を理解するのに必要です。以下では，民法の条文と，判例による民法の解釈に分けて説明します。

(1)　民法の内容
◆ 709条と714条～719条の不法行為

　不法行為の条文は709条から724条の2までありますが，大きく分けると，709条から713条までと，714条から719条までと，

最後に 720 条から 724 条の 2 までの 3 つのグループになります。最後の 720 条以下のグループは，言わば付随的な条文です。例えば，724 条と 724 条の 2 は，損害賠償請求権を求められたときに，一定期間行使しないと時効によって行使できなくなること，それが何年かということを定めています。

　重要なのは，709 条から 713 条までの第一グループと，714 条から 719 条までの第二グループです。不法行為の普通の例は，いま言ったように，交通事故や，バットで人にケガをさせたとか，名誉毀損です。要するに，他人に何らかの損害を与えたとき，与えた人がその他人に賠償責任を負うという制度です。709 条がその基本的なルールを定めています。

　それに対して，714 条以下は自分自身が他人に対して損害を与えたわけではありません。例えば，714 条は，自分の子供が他人に損害を与えたときに，親が責任を負うと規定しています。715 条は，自分が使っている従業員が他人に損害を与えたときに，使用者は賠償責任を負うと規定しています。717 条は，自分が持っている建物の外壁のタイルが落ちて通行人に当たってケガをさせてしまったときには，その原因が大分前に，例えば 12，13 年前にその建物を建築したときの請負人の設計ミスや建築ミスであっても現在の建物の所有者が責任を負うとしています。これは「物による不法行為」とも呼んでいます。そして 719 条は，「共同不法行為」といって，自分の行為でなくても何か一緒にやっていた人が損害賠償責任を負う場合には，他の人も責任を負うと規定しています。

　こういった自分の行為でなくても責任を負うのは特別であって，714 条から 719 までが定める場合に限るというのが，伝統的な理解

です。これに対して，不法行為責任の基本は自分の行為について責任を負う場合であり，その場合を709条が定めていることになります。

◆ 709条責任の4つの要件

709条の条文は，見てもらうと分かりますが，4つの要件が揃ったときに損害賠償ができるとしています。

4つのうち，まず第1は損害です。損害が無ければ賠償はできません。当たり前ですが，例えば自分が原野を持っていて，そこに人がたまたま入って通行していても，現実に損害が無ければ損害賠償は請求できません。所有権に基づいて，「入るな」という立ち入り禁止請求はできますが，損害がなければ損害賠償はできません。しかし，人が通って土壌が劣化したとか，精神的苦痛を受けるとか，何らかの損害があればこの要件は満たします。しかし，損害があるだけで損害賠償を請求できるかというとそうではなくて，加害者の行為が他人の権利あるいは保護法益を侵害するものでなければなりません。これが第2の要件で，今の無断通行の例ですと所有権の侵害があります。権利の侵害と言えなくても，行為が違法であればそれで十分だというのが現在の判例・学説です。3番目に，その行為をしている人に故意・過失が必要です。このうち，過失は注意義務の違反です。最後の第4は因果関係です。その人の行為と損害との間に因果関係がなければなりません。

◆ 712条の責任能力

以上が709条の基本的な仕組みです。この709条について付随

的な条文が4つあります。710条から713条までです。このうち，710条と711条は細かい問題なので説明を割愛します。これに対し，712条と713条は今日の話に関連するので，少し見ておきます。

712条と713条は，以上の4つの要件を満たす場合でも，責任能力のない人は責任を負わないとしています。712条の典型的な場合は，例えば5歳の子供が近所の子供と遊んでいて，怪我，失明をさせてしまったような場合です。実際に時々あることです。その場合に，712条は，20歳未満の未成年者で，しかも「自己の責任を弁識するに足りる知能を備えていなかったときは」賠償責任を負わないとしています。このような者は，「責任能力」がないからだと説明されています。次の713条は，精神障害のために責任能力がない場合に賠償責任を負わないと規定しています。

では，責任能力があるというのはどんな場合かというと，条文には詳しい説明がありません。しかし，判例も学説も，他人に損害を与えたら法的な責任を負うことを知ることができる知能だとし，712条の未成年者の場合には，だいたい11歳から13歳の間に，つまり，小学校を卒業する前後にこの知能を備えるとしています。したがって，未成年者は，この頃までの不法行為については責任能力がないので責任を負いませんが，これ以降は責任を負います。

この責任能力に関する判例は，私たちの感覚からはちょっとズレています。皆さんにも想い出があると思いますが，小学校1，2年のときに，友達と遊んでいて近所の物を壊してしまったときに「やばい。弁償せんといかん。」などと言いますよね。この「弁償しないといけない」という感覚，悪いことをしたら法的な責任を負うという判断力，感覚が責任能力です。ですから，普通はだいたい小学

校の1，2年で備わると思います。外国では小学校の1，2年の時からこの能力があるとする国が結構多いのですが，日本では，判例が古くから，小学校を卒業する頃までは責任能力がないとして，その賠償責任を否定してきました。

◆　未成年者の親の714条責任

　その代わり，日本では，未成年者が責任能力がないために責任を負わないときは，親が714条により責任を負うのです。714条の第1項の本文は，子どもが責任能力がないために賠償責任を負わないときは，親が子どもの法定監督義務者として責任を負うと規定しています。もっとも，第1項のただし書では，親が子どもを監督する義務を怠っていなかったら，それを証明して，責任を負わないとしています。しかし，判例は，小学校卒業前後までの子どもの加害行為については，この免責をほとんど認めていません。したがって，責任能力のない子の不法行為については親が，そして親だけが，自動的に責任を負うことになります。このような解決の背景には日本の親子関係があります。それについては後で少し取り上げます。

(2)　判例による民法の解釈

　以上は，民法の条文による責任ですが，判例は，この民法の条文を拡張解釈して，不法行為責任を負う場合を拡げています。JR東海事件に関係するのは，未成年者の親の709条責任と，714条による準監督義務者の責任です。

● 判例とは

　裁判所は，憲法，法律に従って裁判をしなければなりません（憲法76条3項）。

　しかし，同様の問題について過去に裁判が出されていてもそれに従う必要はありません。それと反対の判決を出すことができます。といっても，普通は，過去に裁判があると，後の裁判ではそれを参考にします。特に，最高裁判所の裁判があると，それと違う裁判をしても最高裁判所まで行くと否定されるので，最高裁判所の裁判は事実上，下級審裁判所の判断を拘束します。このように下級審裁判所の判断に対し事実上の拘束力をもつ最高裁判所の判断を，「判例」といいます。

　最高裁判所の判断のうちどの部分がこの拘束力をもつかが明確でなく，争われることがあります。また，最高裁判所は自らの過去の判断を変更することがあります。このように，判例の拘束力は限定されています。

● 判例集の略称

　判例の引用では通常，裁判所の名前や掲載する判例集を略称します。「最判」は最高裁判所判決，「民集」は「最高裁判所民事判例集」，「家月」は家庭裁判月報の略称です。なお，判決の年月日の表記は年号ですが，認知症対策の遂行と判決の時期の関係が重要であることから，本レクチャーでは，適宜，西暦で表記しています。

◆ 未成年者の親の709条責任

　714条が適用された事件は，90数％が，今言ったような小学校卒業前後までの子どもによる加害事故の場合で，残りが精神障害者の加害事故の場合です。では，中学生から20歳くらいまでの未成年者が他人に損害を与えた場合にはどうなるのでしょうか。この場合には，民法の条文だけを読むと，責任能力のある子ども自身が賠償責任を負い，将来働いて賠償金を弁済することになり，親は責任を負いません。しかし，1974年に最高裁は，12歳前後以上の子の加害行為についても親が責任を負う場合があるとしました。最判昭49年3月22日民集28巻2号347頁です。条文の根拠は709条です。しかし，この判決は，709条を本来の場合よりも少し拡大解釈しています。

　これは，中学3年生のY₁が，色柄のシャツが欲しくて，同じ中学の1年生のA君を殺し，A君が集金した新聞代金13,900円を強奪した事件でした。A君のお母さんのXはY₁とその両親のY₂とY₃に，709条に基づいて，Aの逸失利益，つまり将来働いて得られた所得の総額と慰謝料のうち150万円を請求しました。一・二審が請求を認容したので，両親のY₂Y₃のみが上告しました。最高裁は，Y₂Y₃は子供が何か欲しがっているのにきちんと対応しなかった点に709条の注意義務違反があるとして責任を認めました。

　先ほど言ったように，709条は基本的には自分の行為についての責任です。他人の行為についての責任は714条から719条の場合だけです。しかし，この判決は，子どもが12歳前後以上になっても親は子の監督義務を負い，子の他害行為を防止しなかったときは，709条により賠償責任を負うとしました。他人の加害行為を止

めなかったという不作為の不法行為の責任を考えています。

　ただ，その後の判例では，子どもが 18 歳前後になると，この709 条による親の監督義務を認めていません。例えば，19 歳のＡＢＣが共謀し，Ｃの交際相手の女の子がテレフォンクラブで誘い出したＸに暴行を加えて 13 万円を強取した事件で，ＸがＡＢＣの親権者 5 名に損害賠償を請求しました。しかし，判決は，親の監督義務違反を否定しています（最判平 18 年 2 月 24 日家月 58 巻 8 号 88頁）。

◆ 714 条の類推適用による準監督義務者

　ここまでは，加害者が未成年者で，責任能力がないときと責任能力があるときをみました。ところで，加害者が精神障害者で責任能力がないときはどうでしょうか。民法によれば，未成年者と同じように 712 条によって，賠償責任を負いません。その代わりに，この場合も 714 条によって，精神障害者の法定監督義務者が責任を負います。問題は，精神障害者が 20 歳以上で成年であるときは，多くの場合に法定監督義務者がいないことです。もっとも，戦前は，精神障害者が成年でも親が親権者であり，714 条により責任を負いました。しかし，戦後は，精神障害者が成人すると，親は親権者でなくなりました。そこでは，後見人が選任されて，その人が法定監督義務者になることが考えられていました。しかし，実際には後見人はほとんど選任されません。後見人の選任は，精神障害者であることを公にすることなので，敬遠されたのです。

　このような精神障害者が，法定監督義務者のいないまま，他人に損害を与えたときには，被害者は誰にも損害賠償請求できません。

そこで，下級審裁判所は，一定の場合に，精神障害者の親や配偶者に 714 条を類推適用して，責任を負わせるようになりました。一定の場合とは，親が精神障害者を扶養したり，同居していて，申請していたら精神衛生法上の保護者に選任されたであろう場合です。このような親や配偶者を精神障害者の「準監督義務者」とか「事実上の監督者」と呼んでいます。

　しかし，1970 年代に，精神医療技術が進歩して，精神障害者の治療が入院中心から解放治療，社会復帰型へ移行しました。それを背景にして，80 年代半ばに，最高裁は，この準監督義務者となる場合を少しせばめました。準監督義務者とするには，精神障害者の親または配偶者であること，扶養・同居していること，保護者として選任される蓋然性があったことのほかに，精神障害者の加害行為の可能性を予見し防止できたのに防止措置を執っていなかったことが必要だとしたのです（最判昭和 58 年 2 月 24 日判時 1076 号 58 頁）。そして，その事件では，父母が精神障害の子の乱暴につき警察や保健所に相談していたことを理由に，父母の責任を否定しました。

　細かい話しが続いてちょっと疲れましたね。ここからは，以上の話を踏まえて JR 東海事件の検討に戻ります。

C　JR 東海事件の法律論

(1)　老人 A と家族の責任

　原告の JR 東海は，損害賠償請求する根拠として，4 つ主張しました。

◆ 老人Ａの 709 条責任

　その１は，老人Ａ自身の不法行為を理由に，709 条によってＡの賠償責任を追及するものです。これが認められると，Ａが賠償責任を負い，Ａが死亡したことによって，相続人であるY₁達が，Ａの遺産といっしょに，ＡのJR東海に対する賠償責任を相続することになります。しかし，この責任は，先ほど言ったように，Ａに責任能力があった場合に限られます。JR東海事件では第一審が，Ａには責任能力がなかったとして，この請求を認めませんでした。二審以後は，JR東海もこの主張をしなくなり，以後は議論されていません。

◆ 家族の法定監督義務者責任

　残りの３つは，Ａの家族の監督義務違反を根拠とする請求です。その１番目は，714 条の法定監督義務者としての責任を追及するものです。このJR東海事件ではY₁らの責任の根拠として一番素直な考え方です。これを①として置きます。

　ただ，この考え方には，Y₁のような家族が，Ａのような認知症高齢者の法定監督義務者になるかという問題があります。未成年の子どもの場合には親が監督義務を負います。そのことは，民法の条文に，親は子に対し親権をもち，子の監督義務を負うと書いてあります。819 条と 820 条です。しかし，認知症高齢者の場合には，少し前の民法の考え方では，後見人を家庭裁判所で選任してもらうことによって，その後見人になった人が認知症高齢者の法定監督義務者なるというものでした。しかし，実際には後見人を選任する場合が非常に少なかった。理由は，先程お話しした成年の精神障害者の

場合と同じです。認知症高齢者の世話や家族関係が上手くいっていれば後見人を選任する必要がありません。必要もないのに後見人を選任するのは，認知症であることをわざわざ公にするだけです。このように後見人がいないので，誰がこの事件で法定監督義務者になるのかが大きな問題になります。

　配偶者がいる場合には配偶者が自動的に法定監督義務者になるという意見がありますが，これには反対論もあり，JR東海事件の一審や最高裁は，配偶者というだけでは法定監督義務者にはならないとしました。

◆ 家族の準監督義務者責任

　2番目の根拠として考えられるのは，先程お話しした準監督義務者としての責任です。これはもともと，成年の精神障害者の加害行為について親の責任を認めるために判例が作り出した考え方ですが，これを高齢の認知症高齢者にも適用しようというものです。この責任を負う人は法定監督義務者よりも広い。しかし，先ほどお話ししたように，最判昭和58年2月24日が少し制限をかけています。それで，JR東海事件のY_1Y_2がこの準監督義務者に当たるかが問題になります。この根拠を⑪とします。

◆ 家族の709条責任

　3番目の根拠は家族の709条の責任です。先ほどお話しした中学3年生が中学1年生からお金を盗むために殺してしまった事件で，最高裁が，親は子の加害行為を止める義務を怠った場合に709条で賠償責任を負うとしました。そこで，JR東海事件の場合には，

家族が認知症高齢者を監督し，他人に損害を与えないようにする注意義務を709条で負っていて，それを怠っていれば，賠償責任を負うことになります。もともと作為義務は限定的に考えるのが基本です。ですから，先程の中学3年生の殺害強奪事件で認めるというときも，だいぶん議論したうえで広げたのですが，これを今度，認知症高齢者の場合に広げるかをまた議論をしなくてはいけないことになります。これを⑪とします。

(2) 各裁判所の判断

◆ 一・二審裁判所の判断

　JR東海事件の以上の3つの責任根拠について，各裁判所の判断を表1にまとめておきました。

表 1

	A 709条	妻 Y₁ ①714条	②準714条	③709条	長男 Y₂ ①714条	②準714条	③709条	Y₃Y₄Y₅ ③準714条
一　審	×		×	○			○	×
二　審		Ɽ		×	×	×	×	
最高裁		×	×		×	×		

「準714条」は，714条の類推適用による準監督義務者としての責任を指す。
○は責任を肯定。×は責任を否定。Ɽは賠償額を半分に減額。何も記していないところは，裁判所が判断していない。
一審裁判所の直線の下線の判断に対し，Yらが控訴した。
二審の破線の下線の判断に対しXが上告受理を申し立て，波線の下線の判断に対しYらが上告受理を申し立てた。
一審がAとY₃Y₄Y₅の責任を否定したことについては，Xが控訴しなかったため，二審以後は判断していない（斜線部分）。

一審の名古屋地裁（名古屋地裁判決 2013 年（平 25）8 月 9 日）は
奥さん Y₁ と長男 Y₂ の責任を認めました。奥さんの方は先程言った
709 条で防止義務を負っていたのに，それを怠ったというのが理由
です。長男の Y₂ については，準監督義務者の責任を認めました。
Y₁ と Y₂ の責任を認めたこの地裁判決に対しては，新聞等で，常識
に反しているのでないかと批判が出ておりました。

名古屋高裁へは Y₁Y₂ から控訴して，1 年もかからず判決が出ま
した（名古屋高裁判決 2014（平 26）年 4 月 24 日）。この高裁は，奥
さん Y₁ の責任だけ認め，長男 Y₂ の責任は否定しました。奥さんの
責任は，709 条ではなくて，714 条で認めました。しかも，先程
言った準監督義務者ではなく法定監督義務者に当たるとしてその責
任を認めました。ただ，賠償額を半分の約 360 万円に減らしまし
た。減らす理屈は，後で見るような過失相殺とかではなく，損害の
公平分担の精神です。これは 714 条の責任というのは特別に負わ
せた責任だし，この事件はいろいろな事情があるから，ということ
を理由にしています。条文上の根拠はありません。裁判官としては
理屈として苦労されたと思います。長男 Y₂ の方については法定監
督義務者でも準監督義務者でもないとして責任を否定し，さらに
709 条でも責任を負わないとしました。

◆ 高裁判決に対する社会の反応

この高裁判決に対しては新聞やインターネットで非常にたくさん
の批判が出ました。今でもインターネットを見ると，この一審と二
審の裁判官は世間知らずだとかいうサイトが残っています。

最高裁判決が出る前でしたが，私が当時，早稲田大学の大学院の

ゼミでこの問題を取り上げたときに，参加していた学生が二審判決に対する新聞記事，沖縄日報から北海道新聞まで全国20紙のこの事件に関する記事を集めたのですが，19紙が二審判決を批判していました。記事というのは，社説と朝刊の下の方にあるコラムなどです。ただ日経新聞だけが賛否コメントなしで，問題の重要性を指摘していました。

　最高裁へは，JR東海が直ぐに，賠償額が半額に減らされたことについて上告受理申し立てをしました。その後に，Yの方も，上告受理申し立てをしました。

　なお，長男の方は横浜にいらした方で，事件が終わった後に，随分苦労されたお話を本にまとめていらっしゃいます（〔参考文献〕の①）。この方は，中央信託銀行，現在の三井住友信託銀行の取締役審査部長までなさった方です。最後まで争うことにした経緯など，この訴訟の背景や，介護に関係するいろんな人がこの訴訟をどのように受け止めていたかの記録として貴重な本だと思います。JR東海の方も鉄道事業者としての事情があってかなり強い請求をされたのだと思いますが，そちらの方も分かると法律の争いの背景を知る参考になると思います。しかし，JR東海の方の事情について公表されたものはないようです。

◆　最高裁の判断
　最高裁はこの事件に2年を掛けています。最高裁で2年は長い方だと思います。そして，妻と長男について，①の，714条の法定監督義務者の責任と，⑪の，先程お話しした準監督義務者として責任を検討しています。そして，結論としては，すべての責任を否定

しました。最高裁の判決理由は，〔資料 1〕を見て下さい。細かい
ところを省略すると，次のように言っています。

　まず，714 条の法定監督義務者に当たるのは，かつては精神保健
福祉法の保護者や民法の禁治産者の後見人であった。このうち，保
護者は，1999 年（平 11）の精神保健福祉法の改正によって，精神
障害者の他害行為を防止する義務を負わなくなった。もう一つの民
法の後見人は，1999 年の民法改正によって成年後見人とされたが，
その義務は身上配慮義務に限られた。身上配慮義務というのは，
「契約等の法律行為を行う際に成年被後見人の身上について配慮す
べきことを求めるもの」である。事実行為として成年被後見人の現
実の介護を行うことや成年被後見人の行動を監督する義務ではな
い。だから，後見人は精神障害者の他害行為を防止する義務を負わ
ない。そのほか，Y₁ は妻として A の他害行為を防止する義務を負
うかという問題があるが，配偶者の同居協力扶助義務は相手方に対
して負う義務だから，Y₁ が怠ったときに，第三者の JR 東海に対
して賠償責任を負う業務ではない。法定監督義務者については以上の
ように言って，Y₁ は当たらないとしました。

　次に，準監督義務者については，先にあげた 1983 年（昭 58）の
最高裁判決の考え方を受け継ぐとしました。その上で，準監督義務
者となるのは，その者と精神障害者それぞれの状況や両者の関係を
総合的に考慮して，その者が精神障害者の行為を監督することが可
能で容易である場合に限られるとしました。そして，法廷意見は，
妻 Y₁ も長男 Y₂ も A の監督が可能だったと言えないから，準監督
義務者でない，したがって責任を負わない，としました。

　最後に，⑩の 709 条については，最高裁は何も議論していませ

ん。⑪の準監督義務者の責任も認められないのだから，議論するまでもなく認められないと考えたのだと思います。

　この最高裁判決は大々的に報道されました。その時の社会の反応は責任を否定した判決に好意的でした。

(3)　JR東海事件の法律論の意味

　以上が，JR東海事件の事実関係と一・二審，最高裁の判決です。この後，Ⅱで，これらの判決の社会的な背景や社会的な意味を考えますが，その前に，ここまでに見てきた法律論の意味をもう少し押さえておきたいと思います。2点あります。第1は，精神障害者の判例と比べると，認知症高齢者について監督義務を負う者の範囲を抑えた点です。第2は，これまでの判例に比べると，監督義務を負う者の範囲を抑えましたが，民法からみると監督義務を負う者を拡げており，それは不作為の不法行為の拡大である点です。難しい問題ですが，法学部へ行ったらこんなことも勉強することになると思います。

◆714条の監督義務を負う者の範囲を抑えたこと

　第1の点ですが，先ほどいったように，これまでの判例は，成年に達した精神障害者について，準監督義務者という考え方によって，親が監督義務を負うとしてきました。これに対し，JR東海事件の最高裁は，認知症高齢者の妻と長男について，法定監督義務者ではない，準監督義務者でもないとしました。その判断はいろんな事情を考慮した総合判断で，判断基準が明快ではありません。ですから，今後同様の事故が起こったときに，家族が責任を負うかどう

かは，その事故の起こり方や家族関係によることになります。ただ，この最高裁判決によると，家族というだけで責任を負うことはありません。

　実は，責任能力のない未成年者の加害行為について親の責任を否定した最高裁判決が，JR 東海事件の約 1 年前に出ています。同じ様な動きなのでここでみておきたいと思います。

◆ サッカーボール事件

　「サッカーボール事件」と呼ばれる事件です（最判平成 27 年 4 月 9 日民集 69 巻 3 号 455 頁）。図 2 をみてください。愛媛県の事件ですが，11 歳の小学生 A が放課後に校庭でサッカーのフリーキックをしていたところ，ボールはゴールの上を超えて外に出ました。金

図 2

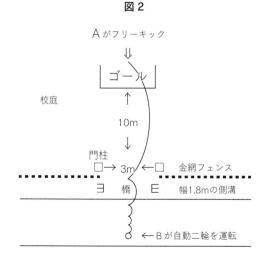

網のフェンスがしてあったのですが，校庭の外にある幅 1.8 メートルの側溝にかかっている橋を越えて前の道路に出た。そこへ 85 歳の B が自動二輪を運転して来て，ボールを避けようとして転倒し腓骨骨折等の怪我をしました。B は入院し治療を受けましたが，5 ヶ月後に大阪の病院へ転院し，その約 1 年後に誤嚥性肺炎で死亡されました。そこで B の遺族が B の傷害と死亡について A とその両親を訴えた事件です。

　A については一審が，責任能力がないとして責任を否定し，それ以後は両親の責任だけが争われました。一・二審は今までの判例に従って，714 条 1 項ただし書の免責を認めず，両親の賠償責任として，一審は 1,499 万円を認め，二審は 1,184 万円を認めました。この賠償額は，B の既往症などを考慮して 6 割程度減額した額です。しかし，この事件についても，JR 東海事件ほどではなかったのですが，新聞報道やインターネットで，責任を認めるのはおかしいという批判があり，最高裁は両親の責任を否定しました。

　責任を否定する理由として，最高裁は次のように言っています。本件でのフリーキックの練習は，本件校庭の日常的な使用方法として通常の行為であり，ゴールにネットが張られ，南門とネットフェンスが設置され，道路との間に 1.8 メートルの側溝があったから，蹴ったボールが本件道路上に出ることが常態だったとはみられず，A が蹴ったボールが門扉の上を越えて道路に出て，これを避けようとした B が転倒，骨折したのは，「たまたま」生じたものである。「通常は人身に危険が及ぶものとはみられない行為によってたまたま人身に損害を生じさせた場合は，当該行為について具体的に予見可能であるなど特別の事情が認められない限り，〔親は〕子に対す

る監督義務を尽くしていなかったとすべきではない」。

　最高裁は，JR 東海事件では，家族を 714 条の法定監督義務者や準監督義務者でないとしましたが，サッカーボール事件では，親が 714 条の法定監督義務者であることは認めた上で，1 項ただし書の免責事由を認めて責任を否定しました。このように法律論のレベルは違うのですが，いずれも家族の責任を否定したのです。

　サッカーボール事件の最高裁判決が出たのは，JR 東海事件が最高裁に継続中でした。先ほどの高井さんの御本によると，高井さんの弁護士さん達は，最高裁は 714 条の考え方を少し変え始めているな，それなら JR 東海事件でも勝つ可能性があると考えられたようです。

　このように最近の最高裁の判例には，未成年者や認知症高齢者の家族の監視義務を抑える傾向がみられます。そうすると，その分，未成年者や認知症高齢者が自由に活動できます。しかし，被害者の保護がどうなるのかが気になります。その問題は，後でもう一度取り上げます。

◆ 714 条以下の不法行為責任の拡大

　2 点目に入ります。709 条は先程言ったように，元々は自分の行為によって他人を侵害した場合の責任です。これに対して 714 条以下では，加害者は，訴えられている被告自身ではありません。加害行為をしたのは子供とか従業員です。それらの者の行為について親や，雇い主が責任を負うのかという問題です。この 709 条の責任と 714 条以下の責任の関係を図 3 と図 4 に描きました。

　まず，図 3 で表したのは，こういうことです。A が X を侵害し

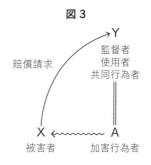

図 3

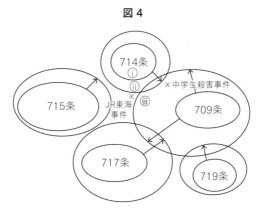

図 4

た。しかし，被害者 X は，A の親や使用者である Y に損害賠償を
請求した。この場合に，Y が，A が与えた損害について責任を負う
かを，714 条とか 715 条が定めているのです。

　このように，Y が一定の関係にある A の加害行為について責任
を負う場合を，民法は限定的に考えていたのですが，判例はこれを
少しずつ広げています。先ほど見た準監督義務者の判例はその一つ
です。判例は，親権者でなくても，裁判所で選任された後見人でな

くても，一定の者を準監督義務者として責任を認めたのです。図4
で「714条」を二重の楕円で囲っていますが，内側の楕円は714条
がもともと考えていた法定監督義務者の範囲を指し，外側の楕円
は，判例が拡大した準監督義務者の範囲を指しています。矢印は，
その範囲が拡大していることを表わしています。

　714条では準監督義務者ですが，715条でも，判例は，本来の使
用関係がない場合にも責任を認めています。715条の使用関係とい
うのは，本来は，使用者Yが加害行為者Aの活動を実質的に指揮
監督していた場合を指します。YがAに，「自動車を運転しろ」と
か「建物を建てろ」とか一定の活動を命令・指示し，Aの活動中に
他の人に損害を与えないように監督する関係です。典型はYとA
の間に雇用契約がある場合ですが，ポイントは，いま言ったよう
に，実質的な指揮監督関係です。ただ，判例は，実質的な指揮監督
関係がなくても715条の責任を認める場合があります。古くから
判例があるのは，YがAに自分の店舗名を使用していいと許可し
ていた「名板貸し」の場合です。少し前から，暴力団の下位組織の
組員による殺傷事件について最上位の組長の使用者責任を認めた判
例があります。「715条」の二重の楕円も，内側が本来の使用者の
範囲を指し，外側が判例が拡大した範囲を指します。

◆ 709条の責任の拡大

　ところで，責任者の範囲の拡大は709条についてもみられます。
709条は先程言ったように，本来は自分の行為によって他人に怪我
をさせたときに責任を負わせるもので，そうでないとき，他人の加
害行為について責任を負わせるのは例外でしたが，判例は他人の加

害行為について責任を負う場合を広げています。先ほど，中学3年生が1年生を殺害した事件で，最高裁は，殺害した3年生の親の責任を709条で認めたと言いました。あの判例は709条の不作為不法行為を広げたものの一つです。「709条」の二重の楕円は，709条の責任の拡大を表しています。

　JR東海事件でも，JR東海は妻Y_1と長男Y_2の709条の責任を主張しました。表1の「妻Y_1」と「長男Y_2」の欄の⑪のところです。直接の加害者はAですから，Y_1とY_2の責任は，Aの加害行為を止めなかった責任です。これを709条で認めるかどうかを議論しているのです。ただ，JR東海事件では，一審は妻Y_1の709条責任を認めましたが，二審は妻についても長男についても709条責任を否定しました。最高裁では709条の責任を判断していません。

　以上のように不法行為責任が拡大する中で，JR東海事件の家族の責任根拠として，①714条の本来の法定監督義務者責任と，⑪714条の拡張による準監督義務者責任と，⑪709条の拡張による責任が主張されました。この①⑪⑪の位置が目で見て分かるように，図4の中に書き込んでおきました。図4の「JR東海事件」のXが714条と709条の外側の楕円の外にあるのは，この事件では，拡大した⑪⑪の責任も，認知症高齢者の家族に及ばなかったことを示しています。

◆ **不作為の不法行為の問題である**

　以上，714条，715条の責任とその拡大，709条の責任の拡大をみてきましたが，いずれも，不作為の不法行為の場合です。

　ここでちょっと不作為の不法行為を整理しておきます。不作為の

不法行為とは，第三者の行為や自然災害など，自分の行為に因らない被害について，その被害発生を防止しなかったことを理由に不法行為責任を負う場合です。その中は，大きく2つの類型があります。

　一つは，責任を追及されているYが，直接の加害者であるAと，一定の関係があった場合です。これまでみてきた準監督義務者の責任，名板貸しの責任，中学生殺害事件の両親の責任はこのような類型です。この類型では，Yの地位とAの侵害行為との因果関係が緊密になると，Yの不作為の不法行為というよりもYの作為の不法行為に近くなります。

　例えば，715条の責任の典型例ですが，使用者Yが従業員Aに対して，「今日はこの荷物をお客様のところへと届けてきてくれ」と頼み，Aが届ける途中で交通事故を起こしてXを負傷させたというときに，Xが被害を受けた直接の原因はAの運転ミスであり，Aがこの時間にこの場所で運転していたのはYが命じたからです。ですから，Yの命令にAのミスが加わって，Xが怪我をした。つまりAに対しYが命じた行為はAの交通事故の間接的な原因ということができます。715条で責任を負うYは，自分の行為ではなく他人Aの行為について責任を負います。その意味では不作為の不法行為ですが，間接的な原因を与えている点をみると，Yの作為による不法行為とも言えます。

　しかし，Yの地位とAの侵害行為との因果関係がもっと間接的になると，不作為の不法行為の性格が強くなります。先ほど，未成年の子でも，18歳の子がした不法行為について親は責任を負わないとした判例を紹介しました。たしかにそういう子を産んで育て

た，その意味では親Yの作為の不法行為ですが，18歳の未成年者の親であることとその未成年者の侵害行為との因果関係はかなり間接的なので，あらためて，その不法行為を防止する義務を親が負う状況だったことを要求するのです。JR東海事件の場合はもっと遠い関係です。Aさんが認知症に罹ることについて奥さんや息子さんが間接的な原因を与えていません。ですから，奥さんや息子さんが責任を負うとすれば，家族だからAの行為を止める作為義務を負っていた，それなのに止めなかったと考えるしかありません。これは完全に不作為の不法行為です。

　不作為の不法行為のもう一つの類型は，Yと被害者Xの関係に基づいて，AがXに与えた損害についてYが賠償責任を負う場合です。これが最近，下級審の裁判で増えています。例えば，宿泊客が酔って転倒して死亡した場合のホテルの責任とか，パチンコ店の来店者の子どもがパチンコ玉搬送の台車で遊んでいて自動車に衝突して死亡した場合のパチンコ店の責任を認めたものです。こちらの類型は，今日のレクチャーのテーマから離れるので，ここで止めます。

　ここでまた図4を見て下さい。714条や715条により責任を負う者を，本来考えていた場合よりも広げていると言いました。他方で，709条についても自分の作為でない場合にも責任を負う場合を広げていると言いました。このために，714条の責任が認められる場合と709条の責任が認められる場合が接し始めています。図の「×中学生殺害事件」は，この最高裁判決の位置を表しています。715条の責任の範囲と709条の責任範囲はまだ接していないように思いますが，717条や719条については，同じ様な事件が，あると

きは 709 条で，あるときは 717 条や 719 条で責任が認められるようになっています。

◆ 防止義務の根拠になる社会関係が重要

　ここまで不作為の不法行為の問題を詳しくお話ししたのは，JR 東海事件の法律論の意味をお話ししたいからです。そこでは伝統的な交通事故とか公害などとは違って，誰が事故防止義務を負っていたのか，どれほどの防止義務を負うのかが大きな問題になります。

　その防止義務の有無と内容は，訴えられている Y と直接の加害者 A との関係，あるいは Y と被害者 X の関係を考えて決めることになります。交通事故や公害では加害行為と被害発生の関係だけ，事故の場面だけを切り出して不法行為の成否を判断すればよいのですが，不作為の不法行為では，事故の場面だけでなく，Y と A の社会関係，Y と X の社会関係をどう受け止めて，Y の法律上の義務につなげるかを考えなければならないのです。JR 東海事件でも，認知症高齢者と家族の関係を社会でどう受け止めるかを考えなければなりません。

　そこでレクチャーの後半の，社会と法律の議論の関係に進みたいと思います。今までは細かい法律論の話をしました。時間もだいぶ経ち，疲れてきたと思います。これからは，少しわかりやすい話しになると思います。

II　社会の反応と法律の議論

　それでは後半に入ります。ここまでは JR 東海事件の法律論を見て来たのですが，後半では社会の側からこの事件を見てみます。

　まず，前半の A では，JR 東海事件のような問題に社会が実際にどう反応したか，どういう対応をしているのかを見ます。その後に B で，そういう対応の基礎にある社会の考え方と法律の考え方がどう違うのか，さらに両者の間のコミュニケーションはどうなっているのかを見て，これからの法律学の課題を考えてみたいと思います。

A　認知症高齢者の事故に対する社会の対応

　まず，認知症高齢者の問題に対する社会の対応については，包括的な対策の方からみてみます。

（1）　認知症施策総合戦略
◆ 新オレンジプランとオレンジプラン

　現在，認知症のいろいろな問題を包括する対策としては，「認知症施策推進総合戦略」，通称「新オレンジプラン」と呼ばれるものがあります。これは 7 つの柱をあげています。表 2 です。

　この新オレンジプランの前には，2012 年の「認知症施策推進 5 か年計画（オレンジプラン）」がありました。このオレンジプランは

表2　新オレンジプランの7つの柱

---

① 認知症への理解を深める普及・啓発の推進
② 認知症に対する適時・適切な医療・介護の提供
③ 若年性認知症施策の強化
④ 認知症の人の介護者への支援
⑤ 認知症の人を含む高齢者にやさしい地域づくりの推進
⑥ 認知症の予防，診断，治療，リハビリ，介護モデルの研究開発と成果の普及
⑦ 認知症の人やその家族の視点の重視……①～⑥の全体にわたる目標

厚生労働省のレベルの計画でしたが，2014年に「認知症サミット日本後継イベント」が開催されたのを契機に，内閣官房，内閣府，厚労省，警察庁，金融庁，消費者庁，総務省，法務省，文科省，農水省，経産省，国交省が2015年に共同で策定し直し，国家的な戦略としました。それが新オレンジプランです。

　ところで，新オレンジプランは，副題が「～認知症高齢者等にやさしい地域づくりに向けて～」となっていて，「認知症の人の意思が尊重され，できる限り住み慣れた地域のよい環境で自分らしく暮らし続けることができる社会の実現を目指す」ことを基本としています。この「認知症高齢者等にやさしい地域づくり」という考え方はオレンジプランよりもさらに9年前の，2003年の厚生労働省老健局長の私的研究会だった高齢者介護研究会報告書の提言，「高齢者の尊厳を支えるケアの確立」に遡るようです。その提言から，それまでの「痴呆症」から「認知症」に用語を変更し，「認知症を知り地域を作る10カ年」構想（2005年）の下で，認知症対応型通所介護や小規模多機能型居宅介護など，地域密着型サービスの構築

が追求されてきました。

◆ 認知症施策とJR東海事件一・二審判決のズレ

　ということで，認知症高齢者の介護に実際に関わっている人達からみると，2007年に起こったJR東海事件で家族に振替輸送費の賠償責任を負わせるのは現実の動きと逆のことに映ったと思います。特に一審，二審判決が2013年，2014年の時点で家族に大きな賠償責任を負わせたことは，理解できないことだったようです。先ほど紹介した高井さんの本に書いてあるのですが，訴訟の過程で高井さんがこれらの政策立案に関わった政府の官僚で退職された人達に相談されて，その人達から意見書をもらって訴訟に提出しています。ですから，今から思うと，一審，二審の考え方は，もう10年ほど前から政府が進めている認知症高齢者の政策とは噛み合わないものだったということができます。

（2）　地域の見守りネットワーク

　JR東海事件は，新オレンジプランの中で少し絞ると，地域での認知症高齢者の見守りの問題，表2で言うと⑤の柱です。この対策はさらに遡って，1990年代半ば頃から進められていました。それが，今お話ししたオレンジプランの中に位置づけられたようです。現在の状況は，2016年4月時点の数字で言うと，全国の1741市区町村のうち，1355ヵ所，77.9％で認知症高齢者の見守り事業が実施されているとのことです。

　ただ，活発なところとそうでないところがあり，また，地域での見守りの内容もいろいろあるようです。例えば，認知症高齢者を消

費者被害から守る，あるいは災害から守るためのネットワークも議論されています。これに対し，JR 東海事件の問題は，行方不明に対する見守りです。これについては，かなりの数の地方自治体が，見守りキーホルダーの利用やおでかけ見守りシール，GPS 機器の利用，行方不明となった際にネットワーク構成機関等に情報発信し早期発見を行う SOS ネットワーク，あるいは，有償ボランティアによる，介護保険適用外の見守り，話し相手，散歩のつきそいなどを実施しているようです。

（3）　事故損害の塡補

　以上は，認知症事故が起きないようにする施策ですが，JR 東海事件の問題は，認知症高齢者が事故を起こしたときの損害を誰が負担するかという問題です。この問題については，公的補償や保険が考えられています。公的補償や保険自体は以前からありますが，認知症高齢者による事故の場合については，JR 東海事件を切っ掛けに検討されるようになりました。

◆　公 的 補 償

　まず，公的補償制度ですが，2016 年 3 月に JR 東海事件の最高裁判決が出て，これは何とかしなくてはいけないということで，同じ年の 6 月に，厚労省，国土交通省，法務省等が連絡会議を設け，認知症高齢者，精神障害者等による事故の未然防止や，事故が起こったときの損害の補償制度を，国としてあるいは国が促進するかたちで地方自治体に設けることができないかを検討しました。しかし，結論として，2016 年 12 月に，事故の防止は先程見たような地

域での見守り体制で一応対応できるだろう，損害の救済は民間保険の普及で一応対応できるだろうということで，国としての制度は見送りました。

　損害補償制度を見送った理由ですが，認知症の人が絡む鉄道事故が，2014年度に29件あったが，鉄道会社から回答があった13件をみると，事業者の損害は最大120万円，親族が賠償したのは，1社あたり年に数件，賠償した損害額は数十万円だった。それで，国として全体のシステムを作る必要はないとしています。事故として主に鉄道事故だけを考えて，国が出る必要がないと判断したようです。

◆ 個人責任保険

　次に，民間の保険による対応としては，事故の被害者になる人が入る損害保険と，加害者になる人が入る責任保険があります。

　認知症の人による事故の損害保険は，一般の火災保険や傷害保険などの中でカバーしているようです。

　これに対し，認知症患者による事故の責任保険は，認知症に限らない個人賠償責任保険で受け止めています。ただ，実際には自動車保険や火災保険の中で個人賠償特約として提供されたり，クレジットカードの任意加入サービスのときに，クレジットカードの保有者とその家族が他人に損害を与えたときの賠償責任を補償するという責任保険の形で提供されています。こういう個人賠償責任保険の形による認知症高齢者の賠償責任が，保険料が月額数百円から千数百円で，JR東海事件以降，増えているようです。

　なお，「認知症保険」という保険がありますが，これは，認知症

になったときの本人の医療費，介護費や，施設入所費用等を保障する保険です。認知症になった人が起こす事故に対応する保険ではありません。

◆ 地方自治体の認知症事故救済

　以上のように公的補償は見送られ，民間の保険は少し広がっているようですが，両者の中間にあるものとして，地方自治体による認知症事故救済制度があちらこちらで導入されています。ここには，認知症高齢者の事故を日本社会がどう受けとめようとしているかをみる手掛かりがありそうなので，少し詳しくみておきましょう。

　どういう制度かは，図5をみてください。各自治体が民間の保険会社と個人賠償責任保険契約を結びます。他方で，高齢者の人が判断力がある間に，「自分が認知症になったら個人賠償責任保険契約をお願いします」という形で，居住する自治体に事前登録，事故の起こる前の登録をします。認知症になった後は，その家族が認知症高齢者について事前登録をします。このときに，多くの自治体では，保険会社に払う保険料を，自治体の年間の予算から出していて，認知症本人や家族の負担はありません。認知症本人や家族が負担する自治体もありますが，その場合の負担は年額1,000円くらいから1万数千円のようです。

　なお，神戸市の場合は，認知症事故の救済だけでなく，認知症の無料診断から行方不明の場合のGPS駆けつけサービス等までカバーする制度としています。そして，事故救済の費用が年1億3,000万円，診断助成の費用が年1億4,000万円かかると計算して，当面3年間の期間，個人市民税を1人当たり年3,500円から

図5

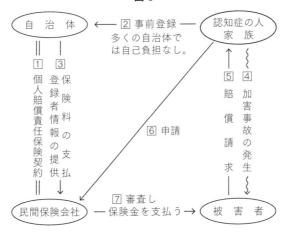

3,900円へ400円引上げました。ここまで包括的な施策とする自治体は他にはないようです。

　自治体は民間保険会社に，登録者情報，どんな症状の人がどのくらい登録したかを伝えて個人賠償責任保険契約の内容を決めます。認知症の人が加害事故を起こして他人に損害を与えたら，その被害者は認知症の人の家族に賠償請求をします。賠償請求された家族は民間保険会社に保険金の支払いを請求します。保険会社はそれを受けて，審査をした上で，保険金を被害者に払います。被害者がそれで不満のときは，保険金を超える分を認知症本人や家族に対して損害賠償請求をします。ただ，保険金が払われるのでそれ以上請求することは少ないと思います。

　この自治体の認知症事故救済制度の実績は未調査ですが，神戸市では，去年2019年の4月に運用を開始して8月までに2,893人が

認知症高齢者として申し込み，認知症高齢者が他人の自転車を壊した事件で9,700円，おしっこで飲食店の座席を汚して休業させた事件で138,600円など，3件で払ったということです。

　保険金額の限度額は，1億円という自治体が一番多く，2億円，3億円というものもあります。愛知県のみよし市は5億円です。

　この制度は，2017年の11月に神奈川県大和市が最初に導入し，昨年（2019年）以降，導入する自治体が増えているようです。2019年11月26日の朝日新聞によると，その時点で，39の市区町村が導入していました。インターネットで検索すると，その後のほぼ11ヶ月間に，さらに41の市区町村が導入し，総計約80の自治体になっています。ただ，全国の市区町村の数は全部で1741とのことなので，4.6％に過ぎません。しかし，今のところ確実に広がっているようです。

　導入した自治体は，多くが，中規模，小規模の自治体ですが，人口の多い名古屋市，神戸市，京都市，東京都でも八王子市，葛飾区，中野区，港区が導入しています。しかし，小さい町や村でも導入したところがあります。ただ，都道府県の単位で導入したところはありません。愛知県はJR東海事件の地元だったためか導入した市町村が多いですが，県としては，検討したうえで導入しなかったようです。

◆ 認知症事故救済制度の注目点

　この認知症事故救済制度については，特に民間の責任保険と対比すると，3つほど注目すべき点があります。第1は，保険される認知症高齢者およびその家族を地方自治体が取りまとめている点で

す。これによって，保険会社が高齢者あるいはその家族と個別に責任保険を締結する手間を軽減しています。第2は，地方自治体がその予算から，ということは全住民からとった税金から保険料を支出している点です。認知症高齢者による事故のリスクをその家族だけが負うのでなく，地域の人々が分担していることを意味します。第3は，以上のことについて，各自治体の長あるいは議会がイニシアティブをとって，住民の理解を得，住民も納得していることです。

この3点は，後でみるアメリカの社会の対応とちょっと違うので，覚えて置いて下さい。

B　JR東海事件における法律論の限界

さて，先ほど，JR東海事件をめぐる裁判所の議論とそれに対する社会の反応をみました。一般的には，一・二審裁判所の判断に対し非常に批判的で，最高裁の結論に好意的でした。その時に，一・二審の判断は社会の感覚とズレていたようだったと言いました。それから，直ぐ前では，見守りシステムの整備や事故の補償制度，保険制度をみました。こちらの話しは，入り組んでいるところはありますが，一般の人にも分かりやすいと思います。同じ事件をみながら法律はどうして分かりにくい特殊な議論をするのか。ここでは，それを考えてみたいと思います。

ところで，今の事故の補償制度，保険制度の話には，法律の話もあります。そのことをみると，法律の議論と言っても，裁判での法律論と，裁判の外での法律論，制度設計の議論とでは大分違うよう

です。ここでは裁判での法律論に絞って，それが，一般社会の議論とどう違うかを考えてみます。

　それをいろいろみてみると，違いの理由は 2 つにまとめることができると思います。一つは，この事件での原告，被告の争い方が問題の一部しかつかまえていないことです。それから二番目に，これまでの民法の不法行為の考え方がこういう問題をつかまえるようになっていないことがあります。

（1）　当事者の争い方による限界

　まず，当事者の争い方ですが，JR 東海事件の当事者は，妻 Y_1 と長男 Y_2 が 714 条の法定監督義務者か，あるいは 714 条が類推適用される準監督義務者か，あるいは，709 条の過失，注意義務違反があったかを争いました。裁判所は，この当事者の主張を中心に審理します。しかし，一つの事件には普通，法律の目から見ても，検討すべき点がいろいろあります。事件全体をみたうえで解決するには，本当はそのいろんな観点から検討するのが良いのです。ただ，訴訟戦略とか，先例となる裁判例がないとか，法理論として内容が未だ明確でないとか様々な事情から，当事者は一つ二つだけ主張し，裁判所はその判断だけで，事案の結論を出すのです。このために，判決理由だけではしばしば事件の全体像をつかむことができません。

　JR 東海事件では，もっぱら法定監督義務者か準監督義務者かが判断されたのですが，このような観点からみると，ほかにも検討すべきだった点が 3 つほどあります。

◆ JR 東海にも注意義務違反はなかったか？ —— 過失相殺

　第 1 は，家族の方だけでなく，JR 東海の方にも注意義務違反が
あったのでないかという点です。亡くなられた A さんが家を出て
から列車に轢かれるまでの経緯は分っていません。ただ，原審は，
家から一番近い大府駅で列車に乗り，共和駅で降りてホームから線
路に入ったのが一番考えられるとしました。ところで，共和駅で線
路に降りるときにホームの端に金網のフェンスがあるのですが，そ
のフェンスには鍵が掛かっていませんでした。そこで，Y_1Y_2 は，
過失相殺を主張しました。鉄道会社としては，いろいろな人がいる
のだから，駅の中に入ってこないように，そして線路内に降りない
ように何らかの措置をしておくべき注意義務がある，それをしてお
かなかった注意義務違反，過失があると。加害者 A の側に過失は
あるが Y の側にも入らせた過失があった。これを考えると，722 条
の 2 項の過失相殺を理由に賠償額を減らすべきだ，そう主張しま
した。しかし，控訴審判決はこの主張を認めませんでした。

Column

● 過失相殺

　加害者は，過失で被害者の権利侵害したときに損害賠償責
任を負います。これに対し，その権利侵害について被害者に
も過失があるときには，裁判所は，加害者が負う損害賠償額
を減額することができます（〔資料 2〕の民法 722 条 2 項）。これ
を，加害者の過失を被害者の過失の分だけ打ち消すという意
味で，過失相殺と呼んでいます。

　今まで認知症高齢者の事例はありませんが，子供たちが工事現場に迷い込んで亡くなった事件で，子供の親が工事会社に損害賠償を訴えて認められた例があります。それからため池ですね。ため池というのは多くの場合自治体とかあるいは公共団体が持っているので国家賠償法の話になるのですが，子供がため池に入り込み，溺れてしまった事件で，きちんとフェンスをしておかなかったことを理由に，子どもの親からの損害賠償請求を認めたものと，認めないものと分かれています。JR東海事件の場合にも，この辺の判例をもう少し検討すれば過失相殺を認めることができたかもしれません。しかし，JR東海事件の二審は，この点をほとんど検討しないで過失相殺を否定しています。

　ちなみに，先ほど高裁判決は賠償額を半分に減らしたと言いましたが，減らした理由は，JR東海側の過失を理由とする過失相殺ではなくて，「公平な分担」という，条文にはない考え方で半分に減らしたのです。これは法律論から言うとアクロバットな論理なのですが，高裁はそういう論理を取って対応しています。

◆ JR東海の損害の特殊性 —— 義務射程という考え方

　2番目は，JR東海の損害の主なものは，事故旅客対応のために11の駅や，保線区，通信区，電力区，3つの運輸区でかかった人件費の約180万円と，2万2000人の乗客を名鉄線に振り替えた乗車費用約534万円ですが，これらは鉄道事業に特有なもので，Aの家族が監督義務違反で賠償責任を負うようなものではない，とも言えることです。法律論では，「相当因果関係」や「義務射程」と呼ばれている問題です。一般的に言うと，加害者側に過失，つまり

注意義務違反があっても，それと因果関係のあるすべての損害について常に賠償責任を負うわけではありません。責任を負うのは，注意義務違反と「相当因果関係」にある損害に限られます。「相当因果関係」という基準で限るのは，伝統的な判例の考え方です。学説は，いくつかの場面に分けて，この「相当因果関係」の内容を具体的にとらえようとしています。その一つとして，「義務射程」という考えがあり，賠償責任を負う損害を，加害者の注意義務の及ぶ範囲に限るのです。

　この考え方によれば，JR東海事件でY_1Y_2がたとえ714条の法定監督義務者や準監督義務者として賠償責任を負うとしても，負うのは事故処理に直接必要だった費用だけで，振替乗車費用約534万円などは賠償責任を負わないように思います。Y_1Y_2の義務が，Aの第三者侵害を防止する作為義務であることも，賠償する損害を義務射程の範囲に限る理由です。

　同じことは，先ほどのサッカーボール事件についても言えます。先ほどみたように，最高裁は，「たまたま人身に損害を生じさせた場合は，……特別の事情が認められない限り，〔親は〕子に対する監督義務を尽くしていなかったとすべきではない」といって，免責事由を認め，親の責任をゼロにしました。しかし，免責事由を認めないで賠償責任は認める，ただ，義務射程の考え方によって，老人の治療が長期化する前の治療費や入院費等の賠償に止め，治療長期化以降の治療費や死亡損害は法定監督義務者である親の義務射程の外だから賠償責任を負わない，とすることが考えられます。私は，年少者の活動の自由とともに高齢者の活動の自由のことも考えると，そのような解決の方がよかったと思います。

　ただ，「相当因果関係」や「義務射程」の具体的な規準がまだ明確でないからだと思いますが，JR東海事件でそのような主張はどちらの弁護士からも裁判官からも出されていません。しかし，特定の法律論にとらわれず，JR東海事件全体をみて妥当な解決を探るときには，JR東海事件で問題になった損害の特殊性に注意する必要があります。

◆ Aの死亡損害を賠償請求しなかった理由

　最後の第3点は，JR東海事件ではAも被害者でないか，Aも被害者で，JR東海にも過失があれば，Y_1Y_2の方からAの死亡の損害について賠償請求することができるのでないか，という点です。実際にも，介護関係者からの意見の中に，この事件の被害者はJR東海ではなくて，亡くなったAさんや家族でないかというものがありました。

　ただ，家族の方からJR東海に，Aさんの死亡損害の賠償請求をしませんでした。その理由はいくつかあると思うのですが，一つは，JR東海の過失を立証するのが難しかったことが考えられます。JR東海には，Aが駅のホームに入り，さらに線路に降りないようにする作為義務がある，フェンスをきちんとして鍵を掛けておく義務の違反があるということを主張，立証できれば，家族の方からAの死亡損害についてJR東海に賠償請求できるはずです。しかし，駅の管理状況はJR東海にしか分からないことが多いので，Aの家族が，駅管理上の注意義務違反を立証するのは難しかった，それを考えて請求しなかったのかなと思います。家族の方は，Aが線路に降りて行ったであろう階段が無施錠であったことを非難しまし

たが，一審裁判官は階段の扉が放置されていることは裁判とは関係がないと答えたそうです。

　ただ先程も言いましたように，池や工事現場に子供が入って死亡した事例で管理者の責任を認めた裁判もあるので，もう少しこれは検討しても良かったのかなと思います。

　それから，家族の方から賠償請求しなかった別の理由として，世論の反感を心配されたのかも知れません。こういうことが他の国であるか知らないのですが，日本では自分の権利を主張すると世間がバッシングするところがあって，実際の訴訟を担当する弁護士さんたちはそれを気にしながら訴訟を進めることがあると聞いています。それで訴えなかった。

　さらに別の理由として，Ａの死亡損害の賠償を請求すると，高齢者の命の価値が論点になり，高齢者の見守りという論点があいまいになってしまうと考えられたのかも知れません。先ほど紹介した高井さんの御本で，高裁段階で和解を希望せず，判決を求めた理由として，この訴訟はもう自分たちの個別利益の問題でなくなっている，今後こういう事故を社会的にどうすべきかという問題になっているので簡単に和解すべきではないと考えたと書いてらっしゃいます。

◆Ａの死亡損害を賠償請求していたら？

　こういうわけで，家族の方から損害賠償を請求することはなかったのですが，ここでは，JR東海からの損害賠償請求がこの事件の問題の一部でしかないことを具体的に感じるために，Ａの死亡損害を賠償請求したときにどうなるかをみておきます。

　まず，賠償額ですが，人が亡くなったときは，その人が実際に受けた被害の大きさで計算します。まず，亡くなる前に治療などを受けていると治療費が賠償されますが，Aさんは直ぐに亡くなったので治療費の賠償はありません。それで主な損害は逸失利益です。働いている人の場合は得られなくなった収入です。しかし，Aさんのような労働能力，労働意思がない人の場合は逸失利益はゼロです。あとは葬儀費用と慰謝料で，葬儀費用の賠償額は一般な基準は60万円です。慰謝料の基準は，死亡した本人の慰謝料として350万円を認めています。この慰謝料請求権は，亡くなる瞬間にAさんに発生し，それが相続人に相続されると考えます。家族の慰謝料は，遺族が子供1人だと550万円ですが，3人になると750万円です。いろんな事情で変わることはありますが，だいたいこのくらいです。

　以上によると，JR東海側の注意義務違反が認められるときは1,160万円を，家族の方から反訴という形でJR東海に請求することになります。その結果，同じ事件でJR東海からの請求とAさんの家族からの請求が並ぶことになります。同じ裁判官の下で同じ手続きで判断するのですが，それぞれ別です。まずJR東海が受けた被害について，709条や714条に基づいて責任を負うかどうかをチェックします。他方でAさんや家族が受けた被害については，JR東海の709条責任をチェックをします。それぞれ別々に判断をしたうえで過失相殺をするのですが，過失相殺も，それぞれ別々にします。

　ちょっと具体的に計算してみました。Y_1Y_2とXの過失割合を1：1とします。この事故が起こったことにはYの側にも半分過失があ

るが，JR東海にも半分あるとしてみました。JR東海が賠償請求できる額が受けた720万円だとすると，過失相殺により，それの2分の1の360万円になります。他方，Yの側が損害賠償できるのは先程の1,160万円とすると，それの2分の1の580万円になります。それぞれ認められるのですが，そのうえで，一つの事故から生じた2つの損害賠償請求なので，こういうときにはYの580万円の請求と，JR東海の360万円の請求を，360万円の限度で相殺します。そうすると，家族の方からJR東海に，残った220万円請求できることになります。

　計算の前提として，家族の損害が1,160万円としましたが，もし家族の損害の評価が減ると賠償請求できる額も減ります。また，家族の方の過失割合が増えた場合も賠償請求できる額は減ります。これらは全て個別の事情で変化します。しかし，このように事件全体を見ると，JR東海の請求を認めるか認めないかは，事件の一面だけをみていることが解ると思います。どういう訴訟になるかにはいろいろな事情が働きます。法廷での争いには，バイアスというか，偏り，歪みが掛かっています。それを理解したうえで，個々の裁判を今後の社会にどう活かしていくかを考えることが大事です。

(2)　これまでの不法行為法理論の限界

◆ 伝統的な考え ── 制度目的は被害者の損害回復

　以上は，JR東海事件の法律論が問題の一面であることのうち，当事者の争い方による一面性です。しかし，法律論が一面的である原因には，もう一つ，そもそも不法行為法の考え方が一面的でないかということがあります。

　普通の人が，新聞などでこの JR 東海事件の記事を読むと，こういう事件はどうしたら防げるか，これからは高齢者が増えるがどうしたらいいかを考えます。ところが，裁判所の争いでは，原告の被告に対する損害賠償請求を認めるかどうか，極端に言えばそれしか考えないのです。

　永田久美子さんという認知症介護研究・研修東京センター部長の方が，Y_1 から頼まれて控訴審で出された意見書の中に，次のような文章があります。

　「〔チャイムの電源を切っていたことで〕私たちが過失ありとすることは，……認知症になるかもしれない中高年者，独居や老夫婦世代の親を持つ子ども世代等，多種多世代の生活と介護に多大な不安と負荷をもたらします。認知症の行方不明／事故死は，家族や一部の人のみの責任を持って〔原文のママ〕解決できる課題ではなく，本人と家族，地域住民，専門職，交通機関をはじめとした社会の幅広い産業分野，そして行政が役割を分かち合いながら協働して取り組むことで初めて達成できる今後の重要課題です。」

　この意見書で注意したいのは，認知症の行方不明，事故死をどう抑えるかを考えている点です。その上で，その課題は本人と家族だけでなく，社会の様々な分野が関係して対応すべきだということを言っています。

　これに対して法律家は，生じた当該個別損害の填補を認めるかどうかを考えます。この事件で認めたら今後どうなるかということはあまり考えません。JR 東海事件でも，JR 東海の側は控訴審で次のように言っていたとのことです。「控訴人ら〔Y_1Y_2〕は今回認知症介護の在り方について独自の主張を展開しているが，もとより本件

は財産権の侵害を争点とするものであって，認知症介護の在り方とは次元を異にするものである。控訴人らは徒に論点のすり替えを目論み，損害賠償義務を免れようとしているに過ぎない。」。これは，伝統的な不法行為法からみれば自然な法律論です。しかし，この点が，法律の議論と社会の議論のズレにつながっています。

◆ 事故の防止を目的とする見解
　このように不法行為法の目的を損害の塡補，被害者の救済とする考えは，120数年前に今の民法典を作った起草者達以来の考えです。起草者達は，不法行為法の目的は，被害者の損害の賠償であると考えました。しかも損害賠償として，名誉毀損の723条を除くと，金銭による賠償しか考えていません。ただ，この伝統的な考えに対しては，不法行為法の目的は事故の予防だという意見があります。なかでも，JR東海事件に即して，樋口範雄先生がそのような考えを主張してらっしゃいます。〔参考文献〕の②と③です。
　樋口先生の専門は，民法ではなくてアメリカ法です。ですからJR東海事件の民法の問題に対しては，外からの批判です。しかし外からだからこそ，日本の民法の学者が当たり前にしていることがおかしいとはっきり批判なさっている。ここでは，その批判の内容を少し詳しく検討してみます。というのは，そこに，社会の考えと法律の議論をつなぐ手掛かりがあるように思うからです。
　樋口先生は，まず，不法行為法の制度目的について，日本の学者が言うような個別損害の塡補ではない。目的は，活動の自由の保護と，事故の防止である。つまり，JR東海事件のような事故では，認知症の家族にも鉄道会社にもいろいろな損失が生ずる。それぞれ

の活動の自由を保護しながらどうやって事故を防止するか，これが
不法行為法の目的である。JR 東海が受けた損害を填補すべきかどう
かが主眼ではない。損害賠償は被害者の保護のためではなく，加
害者になる可能性のある人に警告を与えるためである。こういう見
方をしていらっしゃる。

　先ほど，JR 東海事件の控訴審の段階で，Y_2 の高井さんが，この
訴訟はもう自分たちの個別損害が填補されるかどうかの問題ではな
く，今後こういう事故を社会的にどうすべきかの問題になっている
ので簡単に和解できないと考えたという話をしました。高井さんは
もっぱら認知症高齢者の側からみていますが，事故防止を考えてい
る点は樋口先生と共通しています。

　樋口先生のような考え方は，民法の学者の間でも 1970 年代頃か
ら少しずつ広がっています。最近の不法行為の教科書は，不法行為
法の基本的な目的は損害の填補だが，事故の予防や抑止も考えなけ
ればならないと書いています。そして，条文の解釈でも，賠償責任
を認める要件，先ほど言った，権利侵害・法益侵害とか，過失の前
提となる注意義務の内容を考えるときに，事故の予防や抑止を考え
るようになっています。もっとも，アメリカのように，事故の防止
が主目的で，被害者の救済は副次的な目的だ，というところまでは
行っていません。

◆ 日本で事故防止を目的と考えない理由

　日本ではどうして事故防止を主目的としないのか。理由は一つで
ないと思います。しかし，アメリカ法との違いで言うと，アメリカ
の裁判所は，新しいルールを判例として作ることが正面から認めら

れているのに対し，日本の裁判所は，国会が制定した法律を適用して紛争を解決することを任務としていることです。帝国議会が制定した民法の709条は，故意過失，権利侵害，損害，因果関係の要件が満たされれば被害者は賠償請求できると書いているので，「709条の目的は損害の賠償だ，被害者の救済だ」と考えて，目の前の事件で賠償請求を認めるか否かを考えるのは自然です。これに対し，アメリカでは，709条のような法律の条文はありません。これまでの重要な裁判例，先例から賠償責任に関する原理を導き出し，その先例の事案と原理をにらみながら目の前の事件を裁判するのです。裁判についてのこのような考えを，ケース・ロー，case law と言います。そこでのルールは個別事件の判断でいつでも見直される可能性があるので，個別の事件で「なぜそのようなルールにするのか」を日本よりも強く意識することになります。そのために，原告対被告の関係を越えて事件を広い視点から捉え，「事故の防止」を不法行為法の根拠とし，「被害者の救済」は「事故の防止」の中で考慮する一要素にしているのでないかと思います。日本法からみると，裁判所が立法作業の一部を担当しているのです。

　しかし，日本の裁判所も，いつも，制定された法律の適用にとどまっている訳にはいきません。特に，不法行為法のところは条文数が少なく，条文の内容が簡単で，抽象的なので，法律の文言の意味解釈だけで賠償請求を認めてよいかどうか決められない事件が多いのです。そういうとき，裁判所は，「法律の解釈」といいながらルールを作っています。今日取り上げた，最高裁判決の法定監督義務者の解釈や，準監督義務者の解釈はその一例だと思います。これまでの法定監督義務者や準監督義務者の基準を横において，そもそ

もこのような事故を防止する義務を Y_1 や Y_2 が負っていたか否かを判断しています。この判断では，同じ様な鉄道運行妨害を誰の負担で防ぐかを考えていると思います。でも，「法律の解釈」という形を採っているので，「条文にない『事故の防止』という観点から新しいルールを作る」とは言わないのだと思います。

　なお，ちょっと注意しておきたいのですが，「事故の防止」を不法行為法の目的と考えるのも法律の議論です。ただ，決まった法律を適用するときの法解釈論ではなく，法律を作るときの立法論です。同じ法律の議論でも，法解釈論と立法論は大分違います。

◈ 不作為不法行為における事故防止の考慮

　いま，不法行為法では，法解釈論と言いながら立法論に近い作業をやることが多いといいましたが，特に，JR 東海事件のような不作為の不法行為ではこの傾向が強いと思います。

　このことは，同じ鉄道運行の妨害でも，妨害行為をした人自身の賠償責任が問題になる場合と比べるとよく解ります。例えば，自動車が踏切でエンストを起こして鉄道運行を妨害した場合です。事故の防止という観点から考えるとき，いちばん簡単に事故を防げるのは，明かにその自動車の運転者です。作為による不法行為なので，エンストするような自動車の運転を止めればよかった，あるいは，自分の運転から生じたエンストなので直ぐに気付くから，脱出措置をとるとか援助を頼むとか警報を鳴らすとかすればよかった。運転者以外にも運行妨害事故を防止できた人がいるかも知れませんが，普通は，直接の加害行為者だけを取り上げてその注意義務違反だけを判断すれば十分です。そして，運転者の注意義務違反を判断する

だけであれば，事故の防止か被害者の救済かでそんなに大きな違い
は出ません。

　これに対し，JR東海事件のように，直接の加害者以外の人の作
為の防止義務を問題にすると，関係するたくさんの人の中から「事
故の防止」に相応しい人を選ぶ判断が前面に出て，「損害を賠償す
べきか」という形では決着を付けられないのです。

◆ 責任無能力者の責任に関する日米の違い

　以上は，アメリカと日本の違いのうち，不法行為法の目的を何と
考えるかについての違いですが，もう一つ，責任無能力者の不法行
為責任も大きく違います。日本では，これまでみてきたように，年
少者や精神障害者は責任を負わず，その代わりに，親や後見人が監
督者責任を負います。これに対して，樋口先生によると，アメリカ
では不法行為責任に責任能力という考え方がありません。ですか
ら，年少者や精神障害者は刑事責任は無罪ですが，不法行為責任は
負います。他方で，親は原則として自分の子の不法行為について責
任を負いません。親が責任を負うのは，子どもが危険なこと，例え
ば銃で遊んでいることを知っていて放置していた，そのために近所
の子に発砲して負傷させたようなときだけです。子どもは賠償責任
を負いますが，財産を持っていないので，被害者は十分賠償されま
せん。

　樋口先生によると，アメリカでは，人々の行動の自由を保障する
ために，不法行為法の原則は「被害者泣き寝入り」です。「被害者
救済」は，社会全体の効用を大きくしないから非効率的で，しかも
正義に反すると考えるようです。

（3）　アメリカにおける裁判外の対応

◆ アメリカ法では損害保険

　以上は，JR東海事件のような事件に対する，アメリカと日本の不法行為法の考え方の違いです。不法行為法の考え方といっても，日本は議会が制定した法律による裁判です。アメリカは法律がないので，もっぱら裁判所の判例です。ところで，このような裁判所での解決に対してアメリカの社会はどう対応しているのでしょうか。社会の対応も，アメリカは日本と少し違うようです。

　樋口先生は次のように言われます。── 実際には，保険に入ることができる者が保険で対応する。一般的に言うと，保険のうち，加害者になりそうな者が入る責任保険（第三当事者保険）だと，保険金を請求できるかが問題になったときに，加害者が不法行為責任を負うかが争点になるから面倒である，コストが大きい。したがって，被害者になりそうな者が自ら保険に入る損害保険（第一当事者保険）によっている。

　ここでは，相当数の人々が保険に入る社会，しかも損害保険に入る社会が前提となっています。

◆ 日本の認知症事故救済制度

　これに対し，日本では，先ほど見たように，認知症事故救済制度という責任保険での対応が，少しずつですが広がっています。また，それの基礎として，地域の見守りネットワークの方はもっと広範に広がっています。

　認知症事故救済を紹介したところで最後で言ったことですが，認知症事故救済制度は，自治体がイニシアティブを採って，認知症高

齢者による事故のリスクと費用を取りまとめて，保険会社との責任保険契約に結びつけるものです。同時に，事故のリスクと費用を地域の住民の間に分散させるものです。日本の社会は，このような地域の合意を作る手間ひま，費用を，アメリカよりも低く評価しているように思います。

　こういう対応がアメリカの社会にまったくないのか，ないとすればどうしてか，調べてみる価値があると思います。それによって，日本で認知症事故救済制度を支えているものをもう少し明らかにして，裁判の外で，しかし，立法論とも違う，法制度の設計を考えて行く必要があると思います。

III 質問の時間

さて，準備していたレクチャーはだいたい以上です。「おわりに」に入る前に，ここで質問があったらお聞きしましょう。

(1) 事故防止が目的だと，損害がなくても賠償請求できるのか？

> サイトウ君：今の話ですが，不法行為法の目的を事故の防止とする考えによるときは，損害がなくても賠償請求を認めることになって，おかしくないでしょうか。

なかなか鋭い質問ですね。たしかに，事故の防止という考えを突きつめると，損害がなくても賠償請求を認めることになりそうです。実際に，損害がなくても賠償請求を認めることがあるかを，アメリカと日本についてみてみましょう。

◆ アメリカで，損害がなくても賠償請求できる場合

まずアメリカですが，古くから，暴行行為や不法侵入など，意図的な不法行為の場合には，実際には被害者がケガをしなかった，物に傷がつかなかったときでも，少額の賠償金を認めてきました。名目的損害，nominal damages と言います。これに対し，過失で他人の権利を侵害した場合には，一般的には，現実に損害が生じていないと賠償請求を認めません。しかし，名誉侵害の場合には，過失の

場合でも，損害が証明されなくても賠償請求を認めています。推定損害，presumed damages といいます。このほか，被害者が実際に受けた損害にしばられない賠償として，懲罰的損害賠償，punitive damages というのがあります。加害行為が悪質である場合に，被害者が実際に受けた損害の 2 倍，3 倍の請求を認めるのです。

　サイトウ君の質問に対する答えとしては，アメリカでは，損害があることを要求するが，不法行為法の目的を予防と考えて，損害がなくても賠償請求を認めることがある，ということになります。

　先ほど，アメリカでは不法行為法の目的を事故の防止と考えるといいましたが，そういうようになったのは，20 世紀になってからのようです。ですから，いま言った名目的損害や推定損害，懲罰的損害賠償の伝統を基礎にして，損害の塡補ではなく事故の防止を不法行為法の目的と考えるようになったのかも知れません。

　次に，日本をみると，懲罰的損害賠償は認めていません。アメリカの名目的損害や推定損害のような場合には，精神的苦痛という損害を簡単に認定して，慰謝料の損害賠償請求を認めています。慰謝料の賠償は，交通事故の身体侵害のときは，治療費や収入減の賠償金に加える形で結構な額，一千万円前後から数千万円を認めています。しかし，身体や財産の侵害がなく精神的苦痛だけのときの慰謝料は，普通，少額です。例えば，週刊誌などマスメディアによる名誉侵害の場合では，以前は，認められるのは慰謝料だけで，数十万円，多くても百万円でした。これでは被害者が弁護士さんに報酬を払うと何も残りません。低額すぎるという批判があって，2000 年前後から百万円から数百万円認められるようになりました。でも，インターネット上での書き込みで名誉侵害した場合の賠償額は，今

でも数万円から 50 万円が多いようです。それでも被害者は訴える。それは，損害の填補，被害の回復というよりも，今後こういうことを止めさせること，不法行為の防止を考えて賠償請求するからです。

　不法行為の防止を目的とする損害賠償としては，韓国名日本語読み事件という事件もありました。在日韓国人の人権問題に取り組んでいた崔さん，民族語読みではチョエさんですが，1975 年 8 月に記者会見で，自分の名前は朝鮮語音で呼ぶべきだと言っていました。しかし，NHK がニュースで日本語読みで報道しました。チョエさんがそれに抗議したのに，NHK が「日本語読みを変えない」と言ったので，チョエさんは NHK に対し，人格権侵害を理由に謝罪広告と損害賠償を請求しました。賠償請求額は慰謝料一円でした。最高裁は，韓国人名の日本語読みは慣用であり，違法性がないとして，請求を認めませんでした（最判 1988 年（昭 63）2 月 16 日民集 42 巻 2 号 27 頁）。このチョエさんの損害賠償請求も不法行為の防止を目的とするものです。

◈ 日本では精神的損害の認定で対応

　日本で，意図的な暴行行為や不法侵入で，被害がなくても慰謝料の賠償を認めているか確認する必要がありますが，こういうふうにみてくると，少なくとも，名誉侵害，人格権侵害のような場合には，日本でも，賠償請求の目的は不法行為の防止になっていると言えるのかも知れません。

　振り返ると，日本では，1896 年（明 29）に民法を作った時に，710 条や 711 条で財産以外の損害の賠償を認め，判例も早くから慰

謝料の賠償を広げてきました。これに対して，欧米諸国が精神的苦痛の損害賠償を認めたのはアメリカを含めて，日本より遅く，しかも広く認めるのに長い時間がかかっています。

　日本の学説は，不法行為法の目的は「損害の塡補」だというのですが，精神的損害の存在を簡単に認める中で，実際には，アメリカ法が考える事故防止を考えてきた，そのために，不法行為法全体の目的としては「事故の防止」を言わなかっただけかも知れません。もう少し調べる必要があるので，私の宿題にさせて下さい。

◆ 韓国名日本語読み事件に対する社会的対応

　ここでちょっと，韓国名日本語読み事件について一言追加しておきます。この事件が争われている間に，NHKを含めてマスコミは，韓国・朝鮮の名前を現地読みするようになりました。これは，この間に，当時の全斗煥大統領が来日し，その際の日本政府とのやり取りで，両国の要人の名前をお互いに現地読みすることで合意したことによります。韓国では前から，日本人の名前を日本語読みしていることを考慮し，相互主義で，新しい社会ルールを作ったのです。ちなみに，中国語名は，マスコミではいまでも日本語読みです。

　裁判事件に対する社会の対応として，JR東海事件では見守りネットワークや認知症事故救済などを話しましたが，チョエさんの事件では，マスメディアでの韓国・朝鮮名のハングル語読みをあげることができます。法律と社会の関係を考えるときのもう一つの例として参考になると思います。

(2)　最高裁判決は世論に流されたのでないか？

> ヤマシタ君：JR 東海事件の最高裁判決は世論に流されたの
> でしょうか。憲法では，裁判官は独立して，憲法と法律と良心
> に従って裁判することになっていると思うので，この判決は憲
> 法に違反し，将来的に問題があるような気がするのですが。

　ヤマシタ君の質問は，法と社会の関係に関わる問題ですね。2 つ
に分けて，初めに私の考えを言っておきましょう。第 1 は，「最高
裁判決は世論に流されたのでないか」という質問ですが，私の答え
は，「最高裁は世論に流されてはいない。しかし，世論を考えて，
一・二審と違う判断をした。」です。第 2 の質問は，「最高裁判決
が世論を考えて判断したとすると，憲法違反でないか」という問題
ですが，私は憲法に反しないと思います。順番にみてゆきましょ
う。

◆ 最高裁判決は世論に流された訳ではない

　第 1 の「最高裁判決は世論に流されたのでないか」ですが，実
際に，最高裁の判決文をみてみましょう。〔資料 1〕です。判決理
由の 4 の(1)の部分で，妻 Y_1 が 714 条 1 項の法定監督義務者でない
と判断しています。そして，4 の(2)の部分で，妻 Y_1 と長男 Y_2 は準
監督義務者でないと判断しています。

　このうち，(1)の部分ですが，妻 Y_1 が法定監督義務者になるかも
知れないと考えたのは，一つには，配偶者は，選任手続を経ないで
自動的に，精神保健福祉法の保護者となるからです。それともう一

つには，配偶者として，民法の752条で同居協力扶助義務を負っているからです。そこで，最高裁は，精神保健福祉法の保護者や配偶者がどんな義務を負うのかを検討しています。そして，精神保健福祉法の保護者は，平成11年の改正によって，精神障害者の他害行為を防止する義務を負わなくなったとしました。また，配偶者として同居し協力し扶助する義務は相手方配偶者のために負っている義務である，JR東海のような第三者のため負っている義務ではないとしました。これらのことから，妻のY$_1$は714条1項の法定監督義務者でないとしたのです。

　ここで最高裁がしていることをみると，妻Y$_1$が法定監督義務者かという目の前の問題に直接答えてくれる法律の条文がないので，関係するいくつかの法律が背後で考えていることを推測し，そこから，目の前の問題を法律がどう解決するかを探っています。

　次に，(2)の部分をみてみます。準監督義務者が法定監督義務者と類似の責任を負うというルールは，先ほどお話ししたように，714条1項の法定監督義務者の範囲が狭すぎるので，昭和58年の判決が，714条1項の趣旨に立ち戻り，その趣旨から，714条1項の責任を負う人を広げたものです。JR東海事件の最高裁判決はこの考え方を受け継ぎましたが，昭和58年の判決よりも，準監督義務者の範囲を少し狭めました。そして，Y$_1$もY$_2$も準監督義務者ではないとしました。このように，ここでも714条1項という条文の基礎にある考えを探り，それに基づいて二審とは違う法規範を作り，それによって判断しているのです。

◆ 判決が世論や常識に従わない理由

　ということで，JR 東海事件の最高裁判決は，あくまでも法律を手掛かりにしています。関連する法律の目的を探り，それによって，依拠できそうなルールを明らかにし，そのルールによって紛争を解決しています。このように，あくまでも法律を手掛かりにするのは，憲法 76 条 3 項の，裁判は法律に拘束されるという原則と，憲法 41 条の，国会が唯一の立法機関であるという考えからです。

　他方で，最高裁判決は，世論については何も言っていません。新聞の論評にも，被告側が提出した介護関係者の意見書にも言及していません。判決理由で世論を根拠にしない理由は，世論は普通，いろんなものがあって幅が大きく，しかも，一定していないからだと思います。例えば，今度のコロナ禍で，飲食店の営業中止を要請すべきか，感染者が発生した店舗名を公表すべきか，マスク着用を拒否した乗客を飛行機から降ろすことの是非などでたくさんの意見があります。社会ではこの多様な意見を戦わせます。さらにいうと，社会の議論の中でも，ジャーナリズムとインターネットでは出て来る意見の幅が違います。ジャーナリズムの中でも，新聞報道と週刊誌とテレビで違い，テレビの中でも報道番組とワイドショーのような情報番組とで違います。しかし，これらの社会の議論では意見を一つにまとめる必要がありません。いろんな異論が許されます。意見が違いはそのままにして置いて，それぞれまた考えればいいのです。ですから，名誉毀損やプライバシー侵害などにならない限り，言いっ放しで良いのです。

　しかし，法律の議論はそういう訳にはいきません。なぜかというと，法的な決定は，強制力を持つからです。現実を動かすので一つ

に絞る必要があるのです。裁判の場合は拘束力，強制力を持つ以上，内容に幅があって，誰か権限のない人がその幅の中で勝手に実行できるような決定ではダメです。また，現実を動かすので，コロコロ変わっても困る。「法的安定性」がないと困るのです。

　JR東海事件で言うと，先程話したように，ほとんどの新聞が二審判決を批判しました。しかし，新聞やマスメディアに現れない様々な意見があります。インターネットにもいろんな意見があり，さらに，インターネットに現れない意見も沢山あります。これも先ほど言いましたが，JR東海事件二審判決に対しては「非常識な裁判官」というようなウェブサイトがあります。そのような意見は，社会の議論では名誉毀損などにならない限り，問題ありません。しかし，何が常識か，何が世論かは検証の仕様がないので，裁判の議論では常識や世論に依拠することができないのです。

　このように，最高裁は世論に流されたわけではありません。しかし，世論を考えたと思います。世論を気にしない方がむしろおかしい。ただ，法律に基づく議論には幅を持たせることができるので，JR東海事件の最高裁判決は，世論を考えながら法律論の幅を広げて判断したのです。

◆ 法律を違憲とする解決，条理による裁判，反制定法的解釈

　もっとも，法律に基づく議論に幅があるといっても限度があります。いくら幅を広げても，世論がその法律論の幅を超えているときはどうするかという問題があります。

　法律論が手掛かりとする法律が憲法に反するときは，憲法違反を理由にその法律を無効にして，つまり無いことにして，その法律に

よらない解決が可能です。例えば，2013 年の非嫡出子相続分違憲
判決はそのようなものです。

Column

● 非嫡出子相続分違憲判決（最決平成 25 年 9 月 4 日民集 67 巻 6 号 1320 頁）

　この事件では死亡が 2 世代続いたため，相続人の関係が複
雑です。そこで，単純化した場合で紹介します。
　ＡＢ夫婦の間に子どもＣがいましたが，夫Ａが別の女性Ｍ
と関係を持ち，Ｍとの間にも子どもＮがいました。このＡが
死亡したので，Ａの財産を妻Ｂが 2 分の 1 相続し，子のＣと
Ｎが残りの 2 分の 1 を相続することになりました（民法 900 条
1 号）。ただ，当時の民法 900 条 3 号の但書前段は，非嫡出子
Ｎの相続分が嫡出子Ｃの相続分の 2 分の 1 だとしていました。
これだと，ＣはＡの財産の 6 分の 2，Ｎが 6 分の 1 を相続す
ることになります。この条文に対しては，1990 年頃から，憲
法 14 条 1 項の平等の原則に反するとして訴訟があったのです
が，最高裁は憲法に反しないとしていました。しかし，2013
年の最高裁判決は，遅くともこの事件のＡが死亡した 2001 年
7 月には民法 900 条 3 号は違憲になっていたとしました。その
結果，民法 900 条 3 号の但書前段がないことになり，同じ 3
号の本文によって，ＣとＮは，Ａの財産の 4 分の 1 ずつ相続
しました。
　この判決の後，国会は，直ちに民法を改正し，民法 900 条 3
号のただし書前段を削除しました。

法律を憲法違反にできるときはこのような解決が可能ですが，憲法違反にできる場合は限られています。憲法違反にできないときには，法律論の幅の中での解決が世論に大きく反していても，法律論の解決を採るのでしょうか。裁判例をみると，数は多くありませんが，法律を手掛かりにしないで一般的な条理による裁判や，さらには，法律の文言に反する裁判があります。このうち，条理による裁判は，JR東海事件でも二審判決の一部にみられます。先ほど，「アクロバット的な論理」と言った，「公平な分担」を理由に賠償額を半分に減らした判断です。法律の文言に反する裁判は，「反制定法的解釈」といいます。その例としては，ずっと前の1960年代後半ですが，利息制限法が，「法律の定めた基準以上の高い金利であっても，借りた人がいったんその利息を払ったら取り戻せない」と規定していました。その条文に反して，その返還請求を認めた判決が有名です。

◆ 裁判は世論をどのように考慮するのか
　反制定法的解釈などこれらの裁判が，世論や常識をどう考慮しているかですが，多くの裁判例は，JR東海事件の最高裁判決と同じように，世論や常識のことを何も言っていないのでよく解りません。条理は世論や常識とどう違うのかも解りません。
　ただ，違憲判断に関わる最近の最高裁判決には，「国民感情」や「国民の意識」に言及するものがあります。例えば，今あげた非嫡出子相続分に関する2013年の最高裁判決です。最高裁判決は，まず，嫡出子と嫡出でない子の相続分をどうするかは，立法府が，「それぞれの国の伝統，社会事情，国民感情など」「さらに，……そ

の国における婚姻ないし親子関係に対する規律，国民の意識等……
を総合的に考慮した上で，」「合理的な裁量判断」をしてよいといい
ます。しかし，いろんな事情 ── 判決が挙げるのは，①民法900
条3号但書前段の立法経過等，②諸外国の状況，③我が国が批准
した条約等，④我が国の法制等，⑤この規定の改正をめぐる動き，
⑥我が国の嫡出子と嫡出でない子に関する現状等，⑦この規定につ
いての従前の最高裁の合憲判断の趣旨，⑧その合憲判断に付された
補足意見による指摘等ですが，── これらを総合的に考察すると，
家族の中での個人の尊重がより明確に認識されてきており，たとえ
立法府に裁量権があるとしても，遅くとも2001年7月には嫡出子
と嫡出でない子の相続分を区別する合理的な根拠はなくなっていた
としています。

　このように，2013年の最高裁判決は，立法府が「国民感情」や
「国民の意識」を考慮すべきだとしていますが，立法府の判断の是
非を判断する最高裁自身の判断では，いま言った①から⑧の事項を
考慮するだけで，「国民感情」や「国民の意識」を根拠にしていま
せん。そこで，この判決は立法府と司法の役割分担を意識している
のか。ほかの違憲判決ではどうか。さらに，外国の裁判例ではどう
か。調べること，考えることがいろいろあります。

　これらの問題は，法学部でも大教室の授業ではなく演習で，ある
いは，大学院の授業で，法制度全体を見渡しながらじっくり検討す
る問題です。法学部進学を考えている人は，その時まで楽しみにし
て下さい。

◆ 裁判官は世論を「良心」で考える

　第2の問題に進みましょう。「最高裁判決が世論を考えて判断したとすると，憲法違反でないか」という問題です。憲法76条3項は，「すべて裁判官は，その良心に従ひ独立してその職権を行ひ，この憲法及び法律にのみ拘束される。」と規定しています。裁判官はこの良心で世論を考えるのだと思います。といっても，少し違和感があるかも知れません。

　「良心」が何を指すかは難しいですね。憲法76条の良心については，憲法の学説が，個人の主観的良心ではなく，裁判官としての客観的良心だと説明してきました。しかし，最近，憲法の先生方が，その内容をもう少し明らかにしようと，議論されています。

　私は，良心というコトバから考えてみたら良いのでないかと思います。英語，フランス語では conscience です。conscience の science はサイエンスですが，いま問題しているのは，単なる観察で得る知識ではなく，実践行為をするときの知識です。実践，例えば，科学者の観察ではなく実験，医者の治療，裁判官の裁判をするときに必要な知識や，実験，治療，裁判をした後にそれを検証するのに必要な知識です。con というのは，「いっしょに」「共に」とか，「集める」「まとめる」という意味です。connection とか consolidation の con です。ですから，conscience は，ある行為をするときに，あるいは，した行為を反省するときに，行為をする主体が，関連するいろんな知識を集中させて決断する，評価する心の働きを指すのだと思います。いろんな知識を集めると，その中には対立するものがあるので決定したり評価するのに苦労しますが，それだけ広い観点からの判断になります。人々の争いを裁く裁判の場合

には，判断が社会性を持ちます。憲法の先生方の議論の中で，憲法76条の「良心」を，裁判官の「自我の葛藤」ととらえる意見がありますが，このような意味だと思います。

　日本では，良心を，長い間，孟子の教えに従って，「善を知り実行する先天的な知能」とか「仁義の心」と理解してきましたが，今の法律制度，裁判制度が考える良心は，ヨーロッパの歴史，そこで考えている社会と人のあり方と結びついています。たしかに，良心が指すものは，ヨーロッパでも，キリスト教の罪の意識の影響もあっていろいろ変化し，複雑なようです。しかし，もともとは，一人の人間の中で複数の自己が互いに知覚することによって生れる自意識を指していたようで，今でもそれがベースになっていると思います。皆さんがそういう自意識をいちばん感じるのは，進路選択の時だと思います。高校や大学を卒業してどちらへ進むかを決めるとき，いろんな意見を考えます。親の意見，先生の言ったこと，友達の考え，本で知った知識，それらすべてを自分なりに理解し，さらに自分の今まで考えも考慮に入れて，最後に今の自分が決めます。それが conscience，良心だと思います。

　憲法76条の前半の英文は，All judges shall be independent in the exercise of the conscience となっていて，「裁判官は，良心を行使するときに独立していなければならない」です。「良心に従う」という言葉がありません。この良心は，どこかに在って，裁判官がそれに従うものではなく，裁判官がいろんな考え方や意見を理解し，自分のものとした上で，主体的に行使するものなのです。その点では，「道徳」とも違うと思います。

　こういう意味で，憲法76条は，裁判官が世論を含めて社会のい

ろんな意見を考慮することを前提にしていると思います。という
か，憲法76条は，裁判官の良心，葛藤が，社会と裁判を結びつけ
ることを期待していると思います。憲法76条の良心については，
元裁判官の方の論文や随想も結構あるので，あらためて読まなけれ
ばと考えています。

　いずれにしても，憲法76条の「良心」というコトバは，ミス・
リーディングですね。conscienceの訳語は，江戸の末期から明治の
初めにいろいろ苦労した上で，「意識」とか「良心」になったよう
ですが，注意する必要があります。

◆ **裁判事件の限定と，法律家以外の裁判参加**
　以上が，ヤマシタ君の質問に対する私の答えです。最後に，裁判
と世論，法律と社会という問題にとって重要なことを2つ付け加
えておきます。
　一つは，今の裁判制度は，裁判所が判断する事件を，社会にある
いろんな争いのうち，裁判所法3条1項がいう「法律上の争訟」，
民事訴訟法がいう「訴えの利益」のあるものに限っていることで
す。これによって，一つの結論に絞ることができない紛争のかなり
の部分は，訴えても，裁判所が受け付けないで，訴えを却下するよ
うになっています。実際に問題になった例で言うと，住職の選任手
続が宗教上の教義の解釈と関連する場合には，「住職だから当該宗
教法人の代表役員であることを確認する判決を求める」という訴え
が却下されました。いわんや，「マスク着用がコロナ感染予防に有
効であることを確認する判決を求める」と訴えても却下されます。
「Aの絵画はBの絵画より優れていることの確認を求める」と訴え

ても却下されます。このように，一つの結論に絞ることができない紛争というのは，それぞれの社会の議論に任せておく方が良いと考えられるものでもあります。それらを初めから裁判の問題，法律の問題から除外しているのです。

　このように伝統的には，法律の議論を制限してきましたが，この制限は少しずつ緩和されています。そして，最近は，法律家以外の人の意見を積極的に裁判に反映させる動きがあります。これが付け加えたいことのもう一つです。いちばん顕著なのが裁判員制度で，刑事事件の審判に一般の人が参加します。民事事件ではもう少し限定的で，専門性の高い事件で，法律家以外の専門家の意見を反映させる制度が最近目立っています。いちばん代表的なのは 2013 年の民事訴訟法改正による専門委員制度です。これは，特定の専門訴訟に限定しませんが，そのほかに，医療関係訴訟について東京地裁のカンファレンス鑑定とか，特許訴訟のアミカス・キュリエ amicus curiae というのがあります[注1]。

　これらの多くは，司法制度改革の中で実現したものです。「社会と法律論」という問題を考えるときは，この動きにも注意する必要があります。

（3）　法律家は直観で判断するのか？

　モリタ君：法律家の善悪の判断についてですが，法律家は自分のチョッカンから判断をして，後から補強的に理屈付けを考えるのか，それとも，法律の知識を基にロジックを積み重ねて最終的に善悪の判断をするのでしょうか。なぜこんなことを聞

くのかというと，さっき先生が，「法律家は経験から得たロジックを積み重ねてこうなると考える」とおっしゃったけど，「チョッカンで言ってごらん」と言われたこともあるので，どっちが基本的なのかと思ったからです。

◆ 「直観で考えてみる」ことの意味

　モリタ君の質問は私もずっと考えている問題です。「チョッカンで言ってごらん」という問題から考えてみましょう。この問題を考えるときは，チョッカンの中に，「直観」と「直感」があることに注意する必要があります。

　英語で「直感」に対応する言葉は，inspiration とか，hunch，good feeling とか，第六感の sixth sense とかあって定まっていません。しかし，「直観」の方は intuition に固まっています。直観は西欧の intuition の翻訳語だからです。「法律家のチョッカンによる判断」とか，「自分のチョッカンで考えてみろ」というときは直感ではなく，直観と考えないといけません。

　昔，同僚の先生が，授業で学生を当てて，「この問題に，チョッカンでいいから考えて答えて下さい」と言ったら，学生が答えた。そこで「『どうしてそう考えるのかな？』と聞いたら，学生が『それが私の直感だからです』と答えた」と，苦笑いしていたのを想い出します。直感による判断の理由は，「直感だから」としか答えられないと思います。しかし，それでは議論になりません。法律は議論によって社会関係を規律することを使命とするので，法律の判断で問題になるのは，直観による判断がどうなっているかです。

　でも，「法律の問題を自分の直観で判断する」というときの直

観ってどういうことでしょうか。考えるとなかなか難しい。哲学事典などをひいてみると，ギリシャのプラトンから始まり，スピノザやカントを経て今日に至る長い歴史があるようですが，よく解りません。ただ，「直感」との違いも考えると，直観とは，物事や問題を感覚や第六感でとらえるのでなく，物事や問題の全体をみて重要な部分をつかまえる頭の働きではないかと思います。こう言っても解りにくいので，JR 東海事件で考えてみましょう。

　JR 東海事件のような事件を直観でどう考えるか。幼稚園へ行っている子どもと，小学生と，中学生，さらに私のような 70 を越えた年齢の者では，直観が違う。ですから，JR 東海事件の直観による受け止め方が違うと思います。幼稚園の子どもは，そもそも事態をよく理解できないかも知れない。小学生でも 1，2 年生は，90 何歳のおじいちゃんに電車がぶつかったことは理解できても，びっくりするだけで，誰の責任かということまでは考えないように思います。でも，高校生になると，いろんな観点から事件全体を見る。その中には責任者は誰かという観点もあるように思います。でも，高校生の直観による問題のつかまえ方と法律家の考え方，不法行為法の考え方との間にもまだ大分距離があるのです。

　私も大学に入って法律の考え方を勉強し初めたときに苦労しました。法学の本が何を言っているのか，高校までの生活の中で作ってきた私の世界のイメージではなかなか分からなかった。法律が前提にする世界が違うからです。

　「自分の直観で考えてみろ」というのは，学生の皆さんがそれまでの生活で作ってきた世界のイメージを法律の世界に結びつけるための手掛かりを作る作業，窓口を開こうとする作業なのだと思いま

す。そして，窓口を開こうとしてうまく開くことができないときに，なぜかを考える。その過程で，これまでの自分の世界と違う法律の世界を作っているものを理解するのです。「自分の直観で考える」というのは，これまでの自分の世界と法律の考え方の世界をつなぐ最初の作業であり，終わりではないのです。自分の直観による判断の理由は，自分の直観と法律の世界の直観のそれぞれの要素を反省しながら答えることになると思います。

　ただ，厄介なのは，今日お話ししたことですが，法律の判断の直観，世界観は，法律家でない人々の直観，世界観といろんな点で違うことです。また，社会をみるほかの学問，例えば，経済学や社会学，心理学などとも，ものを見る視点が違います。先ほども言ったように，不法行為法でいうと，被害者が加害者に損害賠償を求めて裁判所に訴えたのを認めるかという点から世界をみています。そして，法律は現実を動かすので，適用範囲を明確にしておく必要があり，そのために，概念や論理を重視します。このことは，JR東海事件の法定監督義務者や準監督義務者の細かい議論でよく解ったと思います。法律家でない人の直観も，ほかの学問の直観も，法律学ほど概念の範囲に神経質でないと思います。しかし，法律が働き掛けるのは，法律家でない人が作っている社会ですから，このような法律の判断とその人々の直観とのコミュニケーションを考えなければならないのです。

◆ 法律家の判断の仕方

　以上が，モリタ君の質問のうち，勉強しているときに法律問題を自分の直観で考えることの意味です。もう一つの問題，「法律家は

まず直観で判断するのか，経験や法律の知識を基に論理を積み重ねて判断するのか」は，今お話ししたことと深いところではつながっているように思いますが，これとは別に考える方が良いと思います。

　ここでもJR東海事件で考えてみましょう。裁判官や法律家がこの事件をみて，直観だけで，JR東海に賠償請求権があるかないかを決めるでしょうか。そんなことはありえないと思います。まず，線路に入っていた人に電車がぶつかったという事実だけを基礎に判断することはありません。その人は何のために線路に入っていたのか，どういう経路で入ったのか，その人はどんな人だったか，大人だったか子どもだったか，時間はいつだったか，他方で，ぶつかった電車はどういう状況だったのか，さらには，電車運行の社会的な意義も考慮に入れると思います。都会の駅構内だったか，田舎の原野の線路だったかでも意味が違います。もちろん，損害賠償に関する民法の条文のほかに鉄道運行に関する様々な法規も考えます。ですから，法律家は経験や法律の知識を基に論理を積み重ねて判断していると思います。

　では，なぜ，「法律家はまず直観で判断する」と言うのでしょうか。一つ考えられるのは，法律家の判断は，いま言ったように何段階もの過程なのですが，その一つの段階だけを切り取って，「直観で判断する」と言っていることです。それから，たくさんの事件を経験されたベテランの裁判官の場合には，いま言った多くの段階からなる判断をそのようなものとして意識されないのかも知れません。それからもう一つ，民法の学説で，「裁判官は直観で判断する」という考えが支配的だったことも理由として考えられます。

戦前の1920年代ですが，末弘先生が，裁判官は個々の事案で具体的な規範を創造しているのだと主張されました。また，我妻先生が，裁判官は具体的事案に対しまず価値判断をつくり，後からそれに法律の三段論法の衣裳を着せるのだと考えられました。お二人は，直観と論証的思考を切り離し，裁判官はまず直観で判断すると考えたのです。これが戦後の1960年代から70年代の加藤先生，星野先生の利益衡量論でもベースになっていました。ナリタ君のいう，「法律家はまず直観で判断する」という考えには，この学説の影響が考えられます。

　しかし，1980年代半ばに平井先生が，こういうとらえ方に反対されました。平井先生は，裁判官が具体的な価値判断を伴うことを否定はされません。しかし，それを出発点にしたら法律家の間の議論が成り立たない。重要なのは，法律家共同体が共有する議論の枠組みを明かにし，それに基づいて互いに反論できるような形で主張することだと言われました。議論の枠組みとしては，法律を大前提とする三段論法だけでなくいろんなものを考えておられます^{注2)}。

　哲学では，直観を論理・論証による思考と対置する見解と，直観を論証的思考とつないでとらえる見解とが対立しているようです。私は，法律家は直観の判断と論理的な判断を同時並行でしていると思います。そして，いまあげた民法の先生方は，それぞれの時代の法学や裁判の課題，進むべき方向を考え，その課題に応えるように裁判官の判断の一部を強調されたのだと理解しています。末弘先生や我妻先生は，概念構成だけに力を入れている当時の民法学が，時代の新しい動きを受け止められなくなっていると考えて，いまお話ししたとらえ方を提示されたのだと思います。ですから，私たちに

とって重要なのは，今の時代の法学や裁判の課題を考えること，それに応じてどのように法律家の判断をとらえるかです。難しい問題なので，これも法学部で考えることにして下さい。

おわりに

　良い質問をもらって，「法と社会」というテーマを深めることができました。後の2つの質問は，法と社会を結びつけるために，裁判官や法律家はどんなことをしているのか，しなければならないのかという問題です。難しい問題をいろいろ考えていたら，時間をオーバーしてしまいました。まとめに入ることにします。

◆ 法律の議論における問題の切り取り

　今日のレクチャーでいちばんお話したかったのは，法律の議論は社会での議論とズレているので両者をつなぐ仕事が重要だということです。それと関連して，法律の議論の中にも，一般的なルールを作る立法での議論，そのルールを個別事件に適用する裁判での議論，そのほかに，社会の中で制度を設計する議論など，いくつか異なるものがあること，そして，裁判における議論は，社会の問題を一定の角度から切り取っているので，特に注意する必要があることを話しました。

　不法行為の事件だと，裁判では，訴えた被害者が受けた不利益をどういう場合にどこまで加害者の負担で賠償させるかという，1対1の関係で捉える。そのときに，背景にいる人たち，JR東海事件でいうと，JR東海の乗客，そのほか利益を受けている人たちのことをあまり考えないし，認知症高齢者の側の介護団体などのことも考えない。被害者と加害者の諸事情を，法益侵害，故意・過失，損

害，因果関係という窓からみて損害賠償請求の有無を判断します。ところが，そのような考え方では落ち着いた解決にならないということになると，法律家は，少し視野を広げて，加害者対被害者のとらえ方で切り落とされた事情をもう一度拾い集めて，解決のルールを組み立て直しているのです。

　このように，法律家は切り落としたものをもう一度拾い集めてルールを作り直すことを繰り返すのです。ただ，それならば最初からもっと幅広く見て，ルールを作っておけばいいではないか，どうしてこんなことをしているのか。多分皆さんこう考えると思いますが，社会が動いているので，細かいルールを最初から完璧に作るというのはなかなかできません。裁判での法律問題ではありませんが，今度の新型コロナでもいくつかの対策が二転三転したことで，そのことはよく解ると思います。

◆ 契約法の場合

　不法行為の場合は加害者対被害者という形で問題を切り取って，いま言ったようなルールに乗せて解決するのですが，前回，前々回のセミナーの契約法ではどうでしょうか。契約というのは多くの場合2人の間で結ばれる。しかし，2人の契約当事者それぞれの背後にいろんな関係者がいます。シンプルな売買契約でも，売主の側には目的物を売主に売った人がおり，買主の側にはその目的物の転売を待っている転買人がいることがある。あるいは買主の家族がその目的物を待っていることもあります。しかし，契約法は，契約当事者2人の関係として切り取って，2人は合意した契約内容でそれぞれ縛られ，背後にある人達との関係は，各当事者の責任とし，それ

ぞれが対応するものと考えています。

　例えば，前々回のセミナーのサブリース事件でみると，伝統的な契約法は，建物の賃貸人と，建物を借りた賃借人の間の契約として見ます。しかし，実際には，賃貸人の背後には建築資金を融資した銀行がいます。それとの消費貸借契約があり，その借入金の支払があるので，賃貸人は，最初に約束した賃料を減額されるとそれを支払えなくなるので困る。そのことは契約の時点で賃借人も知っていた。他方で，賃借人の方は借りた建物を転貸しています。そして，賃貸人も転貸のために建てたのだしそれを承知しているのだから，転貸の方の収益が減ってきたら元の賃貸借の賃料が下がることも了解しているはずだ。このように，最高裁の判決は，これは賃貸借契約だと言いながら，そして，賃貸借契約なら当事者間の合意内容だけを考えればいいのに，出発点で切り落とした部分，賃貸人の側の銀行に対する債務関係とか賃借人の側の転貸の関係をもう一度取り入れて考えている。二者間の賃貸借契約と言いながら実は三者間，あるいは四者間の契約を考えているとみることができます。

　それから，契約の場合には2当事者間の契約時の合意内容が契約のルールになる。それを超える事態の発生は，これも各当事者の自己責任とするのが原則です。だからサブリースの事件だと，契約した時点で将来の賃料変動を予想して賃料を決めたのだからそれ以後実際に起こったことについては各当事者が責任を引き受けるというのが出発点です。しかし予想しなかったことが起こったときには，事情変更の原則という形で例外的に考慮します。サブリース事件では，この点で切り落とした事情を拾い直すという面もあります。このほか，契約法にはいろんな切り取り方があり，その見直し

があるのです。

● サブリース事件

ここでサブリース事件というのは，最判平成 15 年 10 月 21 日民集 57 巻 9 号 1213 頁です。

サブリースは，不動産の転貸借を広く指しますが，日本では 1980 年代以降，建物の所有者が建物を一括して長期で不動産業者に賃貸し，不動産業者が個々の空間を分けて転貸し，その転貸賃料から所有者への賃料を払うという不動産事業の受託方式として利用されました。

上記の事件では，X が Y の勧めで，銀行からの融資等も受けて，X の所有地上に賃貸用ビルを建築し，そのビルを Y に一括賃貸しました。XY 間の賃貸借の期間は 15 年で，賃料は 3 年ごとに 10 ％自動増額することになっていました。しかし，1991 年の建物完成後にバブル経済が崩壊し，Y の転貸賃料収入が激減したので，Y が X に借地借家法 32 条に基づき賃料の減額を請求して，争いになりました。一審は Y の賃料減額請求を認めず，二審は一部認めましたが，最高裁は，賃料減額請求を認めた上で，減額算定の際には，当初の賃料額・自動増額を決定した諸事情，建築融資の返済予定等も含めて諸事情を総合的に考慮すべきだとして，破棄し差し戻しました。

◆ これからの法律学の課題

このように，法律家の仕事の大きな部分は，現実の問題をどの面で切り取るか，そして，どこでどうもう一度拾い直すかという作

業，その苦労のように思います。不法行為法も契約法も民法の分野です。法律の中には行政法だとか刑事法などがありますが，それぞれいろいろな切り取り方でやっています。

　法律はどうしてそんな切り取ることをしているのかは落ち着いて考えなくてはいけないのですが，どうも今の社会の動きを見ているとそれぞれの分野に閉じこもって今までのような切り取り方でやっていると社会の動きに対応できなくなっています。それで民法でも，例えば消費者問題，消費者契約を考えるときには，行政法でどのように業者を指導しているかとか，行政法的なものの考え方を契約法の中に入れて考えなくてはいけなくなっています。今日取り上げた認知症高齢者による事故の問題では，社会保障法や社会保障の人たちの問題のとらえ方も民法の方へ入れて考えなければいけなくなっています。「公私協働」と呼んでいますが，行政法や刑法といった公法の分野と民法や商法のような私法の分野が協働して問題を解決する仕組みを考えなくてはいけない。そういう動きがあります。

　先ほど，これからの法律学の課題として，決まったルールの適用だけでなく，新しいルールを作る仕事があると言いました。また，「法律家以外の裁判参加」というところでは，裁判と社会の間の幅広いコミュニケーションへの動きをお話ししました。それらと重なるのですが，これまでの個別分野を越えてルールを考えることが，法律学のもう一つの課題だと思います。それは私の理解では，19世紀から20世紀の中頃までの法律は，所有権とか，身体生命とか人々の生活にとっての基本的な条件の確保が仕事でしたが，今はそこを前提として，さらにもう一歩上の人間社会の在り方を支えるこ

とが法律や政策の課題となっていて，そこに対応するための動きなのです。

　この点，別の見方をすると，法律家は，社会が変わると使われなくなるルールを一生懸命作っているだけじゃないかと思うかも知れません。でもどんな分野でも，未来永劫残るような仕事をしているわけではないと思います。話が大きくなりますが，いま言ったことは，何も法律学の限界ということではなくて，歴史学でも哲学でも，さらに物理学でも同じでないかと思います。その時代，その時代が抱えた問題にぶつかって，それを乗り越えたその成果の上に次の世代の人たちが，次の時代の問題にぶつかっていくというのが多分人間の歴史の作られ方ではないかと思います。

　皆さんは将来，何を考えていますか。いまは，私の経験から学問研究のことを言いましたが，どんな仕事でも，その場からその時代が抱える問題に取り組み，それを乗り越えて，次の世代に渡すというのは同じだと思います。

　以上でレクチャーを終わります。私が大学で教えていたのは2年少し前までなので，今日は久しぶりの授業でした。まだ授業の感覚が戻らず，話の仕方もまずくて，皆さん聞きにくかったと思いますがご容赦ください。ひょっとするとこれが私の最後の授業になるかもしれませんが，今日の話をベースにした出版のお話もあるので，いただいた質問をもう一度考えて，よい出版にしたいと思います。今日はどうもありがとうございました。

〔参考文献〕

① 高井隆一『認知症鉄道事故裁判 —— 閉じ込めなければ，罪ですか？』（ブックマン社，2018年）

② 樋口範雄「『被害者救済と賠償請求追及』という病 —— 認知症患者徘徊事件をめぐる最高裁判決について」法曹時報68巻11号（2016年）1頁以下

③ 樋口範雄『アメリカ不法行為法　2版』（弘文堂，2014年）第1章，第2章。21頁以下

〔注〕　71頁注1）と76頁注2）の箇所の説明です。

注1）　専門家の知識を裁判に反映させる動き

　　訴訟で専門的な知識が必要になったときは，これまでも，証拠調べの中で，医師や建築士，学者等を**鑑定人**に選任し，専門的な知識を書面で提供してもらっていた。しかし，近時は，医療事故や建築欠陥のほか，知的財産，IT関連等の訴訟で，高度な専門的知見が必要な場合が増えている。しかし，書面での鑑定は負担が重いため，鑑定人を引き受ける者が少ない。また，鑑定人を選任するには鑑定事項を決めなければならないが，そもそも鑑定事項を決めるのに専門的知見が必要なことが少なくない。

　　このような事態に対し，医療訴訟については，いくつかの地方裁判所の対応がある。例えば，東京地裁医療集中部は，都内13大学の医学部・付属病院と協議会を作り，2003年1月以降，**カンファレンス鑑定**を実施している。そこでは，専門的な医学知識が必要になると，裁判所が，順次3大学に鑑定人候補者各1名の推薦を依頼し，推薦された3名を鑑定人として選任する。この3名は，簡単な意見書を提出した上で，期日にカンファレンス（討論）の形で意見を補充し，裁判所と当事者からの質問に答え，また，鑑定人間で意見を交換する。

　さらに，2013年の民事訴訟法改正は，**専門委員**制度を導入し，医療訴訟以外でも，また，鑑定による証拠調べに限らず，争点や証拠の整理，鑑定以外の証拠調べ，和解の試みなど訴訟のいろんな局面で，専門家の知見を得られるようにした（92条の2以下）。専門家は，居住地の裁判所に所属する専門委員として任期2年で任命され，必要とされたときに，裁判所の指定を受けて，指定された訴訟手続で，裁判官や当事者等が専門的な知識を理解できるように説明する。この制度は，医療事故，建築欠陥，知的財産の訴訟で多く利用されている。

　以上の鑑定人，専門委員は，特定の専門家が，標準的な術後管理や建物の欠陥の原因など主に事実に関し専門的知見を提供するものである。これに対し，裁判所が，場合によっては不特定の専門家に，依るべき規範についての意見を求めることがある。アメリカの裁判では，社会的な影響の大きい事件で，第三者の専門的情報や意見を求めることがある。この第三者を，**アミカス・キュリエ**（amicus curiae　法廷の友）という。日本でもその制度化が検討されたが，立法に至っていない。しかし，サムスンがFRAND宣言 —— 標準規格の製品を開発するために必要な特許につき，「公正，合理的かつ非差別的な」条件で，他社に使用許諾すると表明すること —— をした特許権をアップルが侵害したのでないかが東京地裁で争われた（2011年から継続したiPhone事件）。二審の知的財産高裁は，2014年に，両当事者の合意を得た上で，FRAND宣言があるときの差止請求と損害賠償請求の制限について，広く一般の意見を求めた。58の団体・法人・個人から多様な意見が提出された。知的財産高裁は，それを考慮して，サムスンの損害賠償請求を一部認め，差止請求を却下した（知的財産高裁平成26年5月16日判決・決定）。

注2）法解釈は価値判断だとする学説とその批判

　1896年，1898年に民法典が制定された後に，民法学はその内容

を明らかにする条文解釈に集中し，実際の問題に大きな関心をもたなかった。この時期の法学を「概念法学」と呼ぶことがある。これに対し，大正デモクラシーの1920年代に，末弘厳太郎（1888年-1951年）は，抽象的な理屈をこねるのではなく，具体的なケースについて具体的に考えるべきだとした。そして，末弘は，法律の拘束力は限られており，裁判では，法律から独立して強制力を持つ法規範を，判例という形で創造しているのだと考えた。

末弘の影響を受けた我妻栄（1897年-1973年）も，裁判を法律学の中心に置いた。ただ，末弘と違って，裁判を法律から独立したものととらえず，ただ，裁判は，社会変化に伴う新しい倫理観念に応じて法律を適用するものだと考えた。

戦後の1960年代〜70年代に，加藤一郎（1922年-2008年），星野英一（1926年-2012年）は，法解釈は，誰のどのような利益を保護し，あるいは排斥するのかについての価値判断によるべきだ，法概念や法律構成はこの価値判断を実現する手段だと説いた。この利益衡量論（利益考量論）は，我妻の考えをベースにして，当時の急速な社会変化の中で必要になった新しい解決を実現しようとするものであった。（66頁で触れた，利息制限法の制限超過利息の返還請求を認める解決は，その一例である。）

しかし，1980年代半ばになると，平井宜雄（1937年-2013年）は，個別の事案の価値判断を強調することは，法解釈を非合理的なものにするとして，利益衡量論を批判した。この説の背景には，この時期以後に増加したリース取引，クレジットの名義貸し，電子マネー，体外受精で生まれた子の親子関係などの問題では，そもそも依拠できる法律規範がまったくないために，法概念や法律構成を軽視して価値判断を強調するだけでは，問題解決の道筋を見出せなくなったことがあるように思われる。

【判決理由】一部破棄自判・一部上告棄却

「4　しかしながら，原審の上記3(2)の判断〔Y₂を法定監督義務者，事実上の監督者でないとした判断〕は結論において是認することができるが，同(1)の判断〔Y₁を法定監督義務者とした判断〕は是認することができない。その理由は，次のとおりである。

(1)　ア　民法714条1項の規定は，責任無能力者が他人に損害を加えた場合にはその責任無能力者を監督する法定の義務を負う者が損害賠償責任を負うべきものとしているところ，このうち精神上の障害による責任無能力者について監督義務が法定されていたものとしては，平成11年法律第65号による改正前の精神保健及び精神障害者福祉に関する法律22条1項により精神障害者に対する自傷他害防止監督義務が定められていた保護者や，平成11年法律第149号による改正前の民法858条1項により禁治産者に対する療養看護義務が定められていた後見人が挙げられる。しかし，保護者の精神障害者に対する自傷他害防止監督義務は，上記平成11年法律第65号により廃止された（なお，保護者制度そのものが平成25年法律第47号により廃止された。）。また，後見人の禁治産者に対する療養看護義務は，上記平成11年法律第149号による改正後の民法858条において成年後見人がその事務を行うに当たっては成年被後見人の心身の状態及び生活の状況に配慮しなければならない旨のい

わゆる身上配慮義務に改められた。この身上配慮義務は，成年後見人の権限等に照らすと，成年後見人が契約等の法律行為を行う際に成年被後見人の身上について配慮すべきことを求めるものであって，成年後見人に対し事実行為として成年被後見人の現実の介護を行うことや成年被後見人の行動を監督することを求めるものと解することはできない。そうすると，平成19年当時において，保護者や成年後見人であることだけでは直ちに法定の監督義務者に該当するということはできない。

　イ　民法752条は，夫婦の同居，協力及び扶助の義務について規定しているが，これらは夫婦間において相互に相手方に対して負う義務であって，第三者との関係で夫婦の一方に何らかの作為義務を課するものではなく，しかも，同居の義務についてはその性質上履行を強制することができないものであり，協力の義務についてはそれ自体抽象的なものである。また，扶助の義務はこれを相手方の生活を自分自身の生活として保障する義務であると解したとしても，そのことから直ちに第三者との関係で相手方を監督する義務を基礎付けることはできない。そうすると，同条の規定をもって同法714条1項にいう責任無能力者を監督する義務を定めたものということはできず，他に夫婦の一方が相手方の法定の監督義務者であるとする実定法上の根拠は見当たらない。

　したがって，精神障害者と同居する配偶者であるからといって，その者が民法714条1項にいう「責任無能力者を監督する法定の義務を負う者」に当たるとすることはできないというべきである。

　　ウ　Y₁はAの妻であるが（本件事故当時Aの保護者でもあっ
　た〔平成25年改正前の精神保健福祉法によっている〕），以上説示
　したところによれば，Y₁がAを「監督する法定の義務を負う
　者」に当たるとすることはできないというべきである。

　　また，Y₂はAの長男であるが，Aを「監督する法定の義務
　を負う者」に当たるとする法令上の根拠はないというべきであ
　る。

(2)　ア　もっとも，法定の監督義務者に該当しない者であって
　も，責任無能力者との親族関係や日常生活における接触状況に
　照らし，第三者に対する加害行為の防止に向けてその者が当該
　責任無能力者の監督を現に行いその態様が単なる事実上の監督
　を超えているなどその監督義務を引き受けたとみるべき特段の
　事情が認められる場合には，衡平の見地から法定の監督義務を
　負う者と同視して，その者に対し民法714条に基づく損害賠
　償責任を問うことができるとするのが相当であり，このような
　者については，法定の監督義務者に準ずべき者として，同条1
　項が類推適用されると解すべきである（最高裁昭和56年（オ）
　第1154号同58年2月24日第一小法廷判決・裁判集民事138号
　217頁参照）。その上で，ある者が，精神障害者に関し，このよ
　うな法定の監督義務者に準ずべき者に当たるか否かは，その者
　〔監督義務者〕自身の生活状況や心身の状況などとともに，精
　神障害者との親族関係の有無・濃淡，同居の有無その他の日常
　的な接触の程度，精神障害者の財産管理への関与の状況などそ
　の者と精神障害者との関わりの事情，精神障害者の心身の状況
　や日常生活における問題行動の有無・内容，これらに対応して

行われている看護や介護の実態など諸般の事情を総合考慮して，その者が精神障害者を現に監督しているかあるいは監督することが可能かつ容易であるなど衡平の見地からその者に対し精神障害者の行為に係る責任を問うのが相当といえる客観的状況が認められるか否かという観点から判断すべきである。

　イ　これを本件についてみると，Aは，平成12年頃に認知症のり患をうかがわせる症状を示し，平成14年にはアルツハイマー型認知症にり患していたと診断され，平成16年頃には見当識障害や記憶障害の症状を示し，平成19年2月には要介護状態区分のうち要介護4の認定を受けた者である（なお，本件事故に至るまでにAが1人で外出して数時間行方不明になったことがあるが，それは平成17年及び同18年に各1回の合計2回だけであった。）。Y₁は，長年Aと同居していた妻であり，Y₂, B及びY₅の了解を得てAの介護に当たっていたものの，本件事故当時85歳で左右下肢に麻ひ拘縮があり要介護1の認定を受けており，Aの介護もBの補助を受けて行っていたというのである。そうすると，Y₁は，Aの第三者に対する加害行為を防止するためにAを監督することが現実的に可能な状況にあったということはできず，その監督義務を引き受けていたとみるべき特段の事情があったとはいえない。したがって，Y₁は，精神障害者であるAの法定の監督義務者に準ずべき者に当たるということはできない。

　ウ　また，Y₂は，Aの長男であり，Aの介護に関する話合いに加わり，妻BがA宅の近隣に住んでA宅に通いながらY₁によるAの介護を補助していたものの，第1審被告Y₂自身

は，横浜市に居住して東京都内で勤務していたもので，本件事故まで20年以上もAと同居しておらず，本件事故直前の時期においても1箇月に3回程度週末にA宅を訪ねていたにすぎないというのである。そうすると，Y₂は，Aの第三者に対する加害行為を防止するためにAを監督することが可能な状況にあったということはできず，その監督を引き受けていたとみるべき特段の事情があったとはいえない。したがって，Y₂も，精神障害者であるAの法定の監督義務者に準ずべき者に当たるということはできない。」

5　以上によれば，Y₁の民法714条に基づく損害賠償責任を肯定した原審の判断には，判決に影響を及ぼすことが明らかな法令の違反があり，原判決のうちY₁敗訴部分は破棄を免れない。この点をいうY₁の論旨は理由がある。そして，以上説示したところによれば，XのY₁に対する民法714条に基づく損害賠償請求は理由がなく，同法709条に基づく損害賠償請求も理由がないことになるから，上記部分につき，第1審判決を取消し，Xの請求を棄却することとする。

　　他方，Y₂の民法714条に基づく損害賠償責任を否定した原審の判断は，結論において是認することができる。この点に関するXの論旨は理由がないから，XのY₂に対する同条に基づく損害賠償請求を棄却した部分に関するXの上告は棄却すべきである。」

（不法行為による損害賠償）

第709条 故意又は過失によって他人の権利又は法律上保護される利益を侵害した者は，これによって生じた損害を賠償する責任を負う。

（財産以外の損害の賠償）

第710条 他人の身体，自由若しくは名誉を侵害した場合又は他人の財産権を侵害した場合のいずれであるかを問わず，前条の規定により損害賠償の責任を負う者は，財産以外の損害に対しても，その賠償をしなければならない。

（近親者に対する損害の賠償）

第711条 他人の生命を侵害した者は，被害者の父母，配偶者及び子に対しては，その財産権が侵害されなかった場合においても，損害の賠償をしなければならない。

（責任能力）

第712条 未成年者は，他人に損害を加えた場合において，自己の行為の責任を弁識するに足りる知能を備えていなかったときは，その行為について賠償の責任を負わない。

第713条 精神上の障害により自己の行為の責任を弁識する能力を欠く状態にある間に他人に損害を加えた者は，その賠償の責任を負わない。ただし，故意又は過失によって一時的にその状態を招いたときは，この限りでない。

（責任無能力者の監督義務者等の責任）

第714条 前二条の規定により責任無能力者がその責任を負わない場合において，その責任無能力者を監督する法定の義務を負う者は，その責任無能力者が第三者に加えた損害を賠償する責任を負う。ただし，監督義務者がその義務を怠らなかったとき，又はその義務を怠らなくても損害が生ずべきであったときは，この限りでない。

　2　監督義務者に代わって責任無能力者を監督する者も，前項の責任を負う。

（使用者等の責任）

第715条 ある事業のために他人を使用する者は，被用者がその事業の執行について第三者に加えた損害を賠償する責任を負う。ただし，使用者が被用者の選任及びその事業の監督について相当の注意をしたとき，又は相当の注意をしても損害が生ずべきであったときは，この限りでない。

　2　使用者に代わって事業を監督する者も，前項の責任を負う。

　3　前二項の規定は，使用者又は監督者から被用者に対する求償権の行使を妨げない。

（注文者の責任）

第716条 注文者は，請負人がその仕事について第三者に加えた損害を賠償する責任を負わない。ただし，注文又は指図についてその注文者に過失があったときは，この限りでない。

（土地の工作物等の占有者及び所有者の責任）

第717条 土地の工作物の設置又は保存に瑕疵があることによって他人に損害を生じたときは，その工作物の占有者は，被害者に対してその損害を賠償する責任を負う。ただし，占有者が損

害の発生を防止するのに必要な注意をしたときは，所有者がその損害を賠償しなければならない。

2　前項の規定は，竹木の栽植又は支持に瑕疵がある場合について準用する。

3　前二項の場合において，損害の原因について他にその責任を負う者があるときは，占有者又は所有者は，その者に対して求償権を行使することができる。

（動物の占有者等の責任）

第718条　動物の占有者は，その動物が他人に加えた損害を賠償する責任を負う。ただし，動物の種類及び性質に従い相当の注意をもってその管理をしたときは，この限りでない。

2　占有者に代わって動物を管理する者も，前項の責任を負う。

（共同不法行為者の責任）

第719条　数人が共同の不法行為によって他人に損害を加えたときは，各自が連帯してその損害を賠償する責任を負う。共同行為者のうちいずれの者がその損害を加えたかを知ることができないときも，同様とする。

2　行為者を教唆した者及び幇助した者は，共同行為者とみなして，前項の規定を適用する。

（正当防衛及び緊急避難）

第720条　他人の不法行為に対し，自己又は第三者の権利又は法律上保護される利益を防衛するため，やむを得ず加害行為をした者は，損害賠償の責任を負わない。ただし，被害者から不法行為をした者に対する損害賠償の請求を妨げない。

2　前項の規定は，他人の物から生じた急迫の危難を避けるた

めその物を損傷した場合について準用する。

（損害賠償請求権に関する胎児の権利能力）

第 721 条 胎児は，損害賠償の請求権については，既に生まれたものとみなす。

（損害賠償の方法，中間利息の控除及び過失相殺）

第 722 条 第 417 条及び第 417 条の 2 の規定は，不法行為による損害賠償について準用する。

2 被害者に過失があったときは，裁判所は，これを考慮して，損害賠償の額を定めることができる。

（名誉毀損における原状回復）

第 723 条 他人の名誉を毀損した者に対しては，裁判所は，被害者の請求により，損害賠償に代えて，又は損害賠償とともに，名誉を回復するのに適当な処分を命ずることができる。

（不法行為による損害賠償請求権の消滅時効）

第 724 条 不法行為による損害賠償の請求権は，次に掲げる場合には，時効によって消滅する。

一 被害者又はその法定代理人が損害及び加害者を知った時から 3 年間行使しないとき。

二 不法行為の時から 20 年間行使しないとき。

（人の生命又は身体を害する不法行為による損害賠償請求権の消滅時効）

第 724 条の 2 人の生命又は身体を害する不法行為による損害賠償請求権の消滅時効についての前条第 1 号の規定の適用については，同号中「三年間」とあるのは，「五年間」とする。

〈著者紹介〉

瀬川 信久（せがわ のぶひさ）

1971 年　東京大学法学部卒業

1971 年〜1976 年　東京大学大学院修士，法学部助手

1976 年〜2011 年　北海道大学法学部助教授・教授

2011 年〜2018 年　早稲田大学大学院法務研究科教授

『不動産附合法の研究』（1981 年）

『日本の借地』（1995 年）

『民法判例集　債権各論　第 4 版』（2020 年。内田貴氏との共著）

民法研究 レクチャーシリーズ

不法行為法における法と社会

2021(令和 3)年 3 月 25 日　第 1 版第 1 刷発行

©著 者　瀬　川　信　久

発行者　今　井　　　貴

　　　　稲　葉　文　子

発行所　㈱　信　山　社

〒 113-0033 東京都文京区本郷6-2-102

電話 03(3818)1019　FAX 03(3818)0344

info@shinzansha.co.jp

Printed in Japan, 2021　　　印刷・製本／藤原印刷株式会社

ISBN 978-4-7972-1131-3 C3332 ￥880E

民法研究レクチャー・シリーズの創刊にあたって

　平成の30年間は民法改正の時代であり，その末年には債権や相続，成年年齢や特別養子に関する改正法が次々と成立し，民法典はその姿を大きく変えた。また重要な新判例も次々と現れており，学納金事件，住友信託対 UFJ，NHK 受信契約，JR 東海事件，代理懐胎，非嫡出子の相続分，預貯金債権の取扱いなど，社会的に大きな注目を集めた事件も少なくない。

　こうした民法の変化の中に時代の変化を汲み取りつつ，民法学がなしうる・なすべきことを示すことによって，法学研究者や法律実務家に限らず，法学を学習する人々，さらには一般の市民の方々にも民法・民法学に関心を持っていただくことができるのではないか。そのためには，平成の30年間を通じて民法学界の第一線で研究を続けてこられた方々にお願いして，広い範囲の聴衆に対して，大きな問題をわかりやすく，しかし高いレベルを維持しつつお話ししていただくのがよいのではないかと考えて，本シリーズを創刊することとした。執筆をお願いした方々には，法学に関心を持つ少人数の高校生を相手にお話をいただき，これをもとに原稿を書いていただいたので，「民法研究レクチャー・シリーズ」と名づけることにした。

　『民法研究』は，広中俊雄博士によって創刊・編集されて，第1号から第7号まで（1996年〜2011年）が刊行された。一時中断の後に第2集の刊行が始まり，現在のまでのところ，東アジア編として第1号から第9号まで（2016年〜2020年）が刊行されている。これとは別にフランス編（ただし不定期）の刊行準備も進みつつある。そこでしばらく前から，広中先生と

のお約束であった理論編を企画したいと考えて始めていたが，「民法研究レクチャー・シリーズ」はこの理論編に相当するものとして立案したものである。

　本シリーズの第1期分としては，昭和20年代生まれの研究者の方々，数人に執筆をお願いしたが，このたび瀬川信久先生の『不法行為法における法と社会—JR東海事件から考える』を第1冊として刊行する運びとなった。瀬川先生は，社会の変化に伴う法の変化に強い関心を寄せるとともに，不法行為判例に対する精緻な研究を積み重ねてこられたが，その関心と研究成果とが見事にまとめられた一冊となった。先生のレクチャーは高校生たちに深い感銘を与えたが，その内容をさらにブラッシュ・アップした形で出来上がった本書が，この先，より多くの読者に読み継がれていくことを期待したい。このように最高の形でシリーズを始めることができたのは，企画者として大変幸いなこと・ありがたいことだと痛感するとともに，これで広中先生とのお約束も果たせたのではないかと安堵している。瀬川先生はもちろんだが，関係各位に対してはこの場を借りてお礼を申し上げる。

　続巻となるべきご講演の準備も順次行っているので，ご期待を乞う。

　2020年12月

　　　　　　　　　　　　大　村　敦　志

法律学の森シリーズ

変化の激しい時代に向けた独創的な体系書

信山社

大村敦志 解題

穂積重遠 法教育著作集
われらの法　　〔全3巻〕

来栖三郎著作集　〔全3巻〕

我妻洋・唄孝一 編

我妻栄先生の人と足跡

広中俊雄著作集

信山社

◆ 法律学の未来を拓く研究雑誌 ◆

民法研究　広中俊雄 責任編集

法と社会研究　太田勝造・佐藤岩夫 責任編集

社会保障法研究　岩村正彦・菊池馨実 編集

法の思想と歴史　石部雅亮 責任編集

法と哲学　井上達夫 責任編集

憲法研究　辻村みよ子 責任編集

〔編集委員〕山元一／只野雅人／愛敬浩二／毛利透

行政法研究　行政法研究会 編集

消費者法研究　河上正二 責任編集

環境法研究　大塚直 責任編集

医事法研究　甲斐克則 責任編集

国際法研究　岩沢雄司・中谷和弘 責任編集

人権判例報　小畑郁・江島晶子 責任編集

EU法研究　中西優美子 責任編集

ジェンダー法研究　浅倉むつ子・二宮周平 責任編集

メディア法研究　鈴木秀美 責任編集

法と経営研究　加賀山茂・金城亜紀 責任編集

信山社

◆ 法律学の未来を拓く研究雑誌 ◆

民法研究 第2集〔東アジア編〕
大村敦志 責任編集

1〜9号 続刊

信山社